AF243415

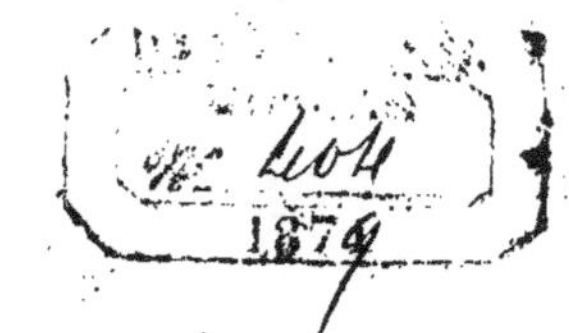

PÉTITION

ADRESSÉE AU SÉNAT

POUR DEMANDER LE MAINTIEN DU DÉCRET DU 19 JUILLET 1877

SUR LES TOILES BLEUES

DITES

GUINÉES

SUIVIE

DE QUELQUES OBSERVATIONS

SOUMISES A LA COMMISSION SUPÉRIEURE DES COLONIES

BORDEAUX

IMPRIMERIE BORDELAISE (J. LAMARQUE, Directeur)

Rue Porte-Dijeaux 43

1879

PÉTITION

ADRESSÉE AU SÉNAT

POUR DEMANDER LE MAINTIEN DU DÉCRET DU 19 JUILLET 1877

SUR LES TOILES BLEUES

DITES

GUINÉES

SUIVIE

DE QUELQUES OBSERVATIONS

SOUMISES A LA COMMISSION SUPÉRIEURE DES COLONIES

⸺❖⸺

BORDEAUX

IMPRIMERIE BORDELAISE (J. LAMARQUE, Directeur)

Rue Porte-Dijeaux, 43

—

1879

BIBLIOTHÈQUE NATIONALE R.F. IMPRIMÉS

LK¹² 252

Monsieur le Président,

Messieurs les Membres de la Commission Supérieure
des Colonies.

Messieurs,

Vous avez été saisis de la question soulevée par le décret du 19 juillet 1877 sur le régime de la guinée au Sénégal.

Nous nous permettons, à cette occasion, de soumettre à votre bienveillante attention la Pétition que nous avons adressée au Sénat, avec quelques négociants Bordelais, pour demander le maintien de la législation actuelle.

Nous faisons suivre cette Pétition d'une note complémentaire que nous avons l'honneur de signaler à votre examen.

Nous avons pleine confiance, Messieurs, dans l'esprit d'impartialité et de justice qui vous anime, et sommes convaincus que vous entendrez les représentants de tous les intérêts avant de prendre une décision.

Nous sommes, avec respect,

Messieurs,

vos très humbles et obéissants serviteurs,

CHAUMEL-DURIN & Cie.

Bordeaux, le 19 juillet 1879.

PÉTITION

ADRESSÉE AU SÉNAT

POUR DEMANDER LE MAINTIEN DU DÉCRET DU 19 JUILLET 1877

SUR LES

TOILES BLEUES DITES GUINÉES

SUIVIE

De quelques Observations soumises à la Commission Supérieure des Colonies

---

MESSIEURS LES SÉNATEURS,

Nous venons, en réponse à la pétition qui a été déposée il y a peu de temps par quelques négociants Bordelais en relation avec notre colonie du Sénégal, vous demander de renvoyer également au Gouvernement cette nouvelle pétition qui réclame le maintien du décret du 19 juillet 1877 sur les toiles bleues dites guinées, afin que ces deux documents soient l'objet d'un examen contradictoire.

Pour vous permettre d'adopter ces conclusions, nous devons, Messieurs les Sénateurs, vous exposer quand et dans quelles conditions a été préparée cette législation, les raisons qui l'ont fait adopter, enfin vous démontrer quelles en ont été les conséquences et discuter à cette occasion les critiques des précédents pétitionnaires.

On vous aura certainement dit, Messieurs les Sénateurs, que la guinée était une étoffe de coton teint en bleu, servant depuis un temps reculé au commerce d'échanges qui se fait avec les Maures dans le fleuve du Sénégal.

Nous n'avons donc pas besoin de vous indiquer de nouveau ce qu'est la guinée, nous nous bornerons à attirer votre bienveillante attention sur le rôle spécial de ces tissus dans le commerce Sénégalais, parce qu'il est indispensable pour l'appréciation exacte du décret du 19 juillet 1877, que ce point très important de la question soit nettement et complètement mis en lumière.

Le commerce qui se pratique au Sénégal, principalement dans le fleuve, se fait par la voie de l'échange. Le Maure livre ses produits contre la remise de certaines marchandises d'Europe, utiles à ses besoins ou à ses affaires. Ce genre de transaction porte le nom de *troque.*

La nécessité d'avoir pour le règlement de ces opérations spéciales, un type monétaire conventionnel propre à servir de base à l'évaluation soit des produits livrés par les Maures, soit des marchandises cédées en échange par les commerçants, a fait que depuis une longue suite d'années la *pièce de Guinée* est devenue une unité monétaire. Ce choix s'explique, parce que la Guinée est de toutes les marchandises d'importation celle qui est la plus nécessaire aux habitants de l'intérieur de l'Afrique, et par suite le plus important élément des affaires de troque.

Malgré l'origine fort ancienne de cet usage, il est facile de comprendre que la guinée soit encore aujourd'hui une monnaie de traite partout où se continue le commerce par voie d'échange. Aussi, se sert-on couramment aux escales fréquentées par les Maures, de la formule expressive suivante pour fixer le cours des produits :

La pièce de guinée vaut tant de kilogrammes de gomme.

Comme il a été établi pour les autres marchandises de traite un rapport de valeur avec la pièce de guinée, unité monétaire, on arrive aisément d'après cette base unique à régler toutes les opérations de troque, quelle que soit la nature des marchandises échangées.

La pièce de guinée est donc en définitive le véritable étalon monétaire.

Avant de nous engager dans l'examen de la question que nous voulons traiter, il n'est pas inutile, Messieurs les Sénateurs, de vous dire en quelques mots par quels intermédiaires se fait le commerce de troque.

Il existe au Sénégal une classe d'indigènes appelés traitants qui, de tous temps, ont été employés pour faire dans le fleuve les opérations d'échange. Les habitants ont pour ce genre d'affaires une aptitude spéciale, ils entretiennent des relations suivies avec les chefs des nations Maures de l'intérieur dont généralement ils connaissent les différents idiômes; ils sont d'une religion considérée ou même pratiquée par les indigènes avec lesquels ils font le commerce. Enfin ils jouissent du précieux avantage de pouvoir supporter sans fatigue les rigueurs d'un climat brûlant.

Dans de semblables conditions, il n'est pas surprenant que les traitants aient acquis à Saint-Louis et dans le fleuve une importance et une influence considérable. Pendant un certain nombre d'années, ils ont seuls joui du droit de trafiquer dans le fleuve, à l'exclusion des européens Français, et aujourd'hui, malgré l'extinction de ce privilége, ils sont encore les plus importants commerçants du fleuve.

Les négociants importateurs ont été nécessairement mis en relations avec les traitants qu'ils considèrent encore aujourd'hui comme des *auxiliaires indispensables de leurs transactions dans le fleuve* (1).

L'intermédiaire des traitants permet aux négociants d'écouler les marchandises introduites d'Europe, et de recevoir en paiement les gommes, graines oléagineuses, cuirs, or, cire, ivoire, plumes, etc., qui sont apportées aux escales par les Maures et autres naturels de l'intérieur.

Ordinairement le traitant opère pour son compte, le négociant de Saint-Louis se borne à lui faire l'avance des marchandises européennes à un prix déterminé au moment du départ pour la traite, et au retour il reçoit en paiement les produits au cours pratiqué sur place au moment de la livraison.

Le traitant dans ce cas est un véritable négociant et vous comprenez aisément, Messieurs les Sénateurs, que par conséquent il soit le meilleur juge des combinaisons commerciales réalisables en vue d'obtenir les résultats les plus avantageux, et que son opinion pratique puisse être d'un très grand poids pour tout ce qui concerne le commerce du fleuve.

---

(1) Voir pièces justificatives, nº 1, Mémoire remis au Gouverneur (2 juin 1876), page 1.

Les négociants importateurs qui sont ainsi les bailleurs de fonds ou commanditaires des traitants ne sont pas aussi bien placés pour fournir d'aussi sûres appréciations.

Leur intérêt bien entendu n'a d'autre préoccupation que celle de livrer aux traitants les marchandises d'Europe aux prix les plus élevés, et par contre de recevoir d'eux les produits aux cours les plus bas. C'est, en effet, la comparaison de ces deux évaluations qui donne le résultat de l'opération au Sénégal pour le négociant.

En dehors des traitants faisant ainsi le commerce pour leur compte, il en est quelques-uns qui vendent les marchandises en traite pour les maisons expéditrices. Dans ce cas, ce sont de simples agents rétribués. Ils sont en petit nombre.

Après avoir ainsi établi d'une part, ce qu'est le commerce du fleuve, le rôle spécial de la guinée, et de l'autre la situation des traitants, nous allons vous exposer, Messieurs les Sénateurs, quand et dans quelles circonstances a été préparée la législation consacrée par le décret du 19 juillet 1877.

Vers l'année 1875, le commerce du Sénégal était dans un état peu prospère, la concurrence aux escales se faisait ardente, et il se produisait dans la fabrication des guinées imitation qui avaient pour ainsi dire chassé les provenances de l'Inde et de Rouen du marché, un avilissement de poids et de qualité qui augmentait singulièrement le trouble profond des affaires (1).

Il n'est pas possible d'avoir le moindre doute sur cette situation et les causes qui l'avaient produite, nous en apportons, en effet, la preuve certaine de l'aveu même de nos contradicteurs.

La guinée étant une monnaie, il est facile de comprendre qu'en temps normal, la quantité de produits traités contre une pièce de guinée, augmente ou diminue suivant la fluctuation que subit naturellement la valeur commerciale du produit.

A tel moment, par exemple, le traitant a pu livrer une pièce de guinée contre 15 kilog. de gomme seulement, alors que précédemment elle s'échangeait contre 30 kilog., par cette raison que la valeur

---

(1) Voir pièces justificatives n° 1, mémoire remis au Gouverneur (26 juin 1876), page 40. — Correspondance avec les fabricants d'imitation, n° 2 à 11. — Engagement à Saint-Louis, n° 12. — Dire de la population indigène, n° 13.

de la gomme se trouvait être devenue double, par suite de circonstances ou d'appréciations commerciales.

Lorsque l'introduction des guinées étrangères successivement
diminuées en qualité, poids et dimensions, est venue donner un nouvel aliment à la concurrence des commerçants dans le fleuve, il est
fatalement arrivé que la pièce de guinée a cessé, par le fait de sa
constante variation, d'être cette véritable monnaie de traite indispensable cependant au règlement des transactions.

Non-seulement on a vu, suivant les lois ordinaires du commerce,
la quantité de produits livrés contre une pièce de guinée, s'élever ou
diminuer d'après les fluctuations de la valeur de la gomme; mais conséquence beaucoup plus grave, on a vu cette quantité de produits
varier journellement, parce que la valeur de la pièce de guinée s'al-
térait, en même temps que sa qualité, son poids et ses dimensions
étaient abaissés, et non pas à cause de changements survenus dans le
cours de la gomme.

De même qu'on comprend facilement la situation fàcheuse qui
pesait sur le commerce sénégalais à l'époque dont nous parlons, on
ne doit pas être surpris qu'un tel état de choses ait suscité peu de temps
après les plaintes des traitants qui se trouvaient aux prises dans le
fleuve avec toutes les difficultés d'un commerce bouleversé par l'emploi des guinées avilies.

Le Maure lui-même souffrait de l'invasion de ces guinées; quelques mots d'explication sur le rôle commercial de ces habitants de
l'intérieur vont le faire comprendre.

Il ne faut pas croire que le Maure qui apporte à l'escale ses produits pour les échanger principalement contre de la guinée, ne reçoive
ces tissus qu'en vue d'en faire usage pour lui-même, pour sa famille
et pour ses captifs. En dehors de cet emploi qui n'absorbe qu'une fai-
ble partie seulement des guinées qui ont payé ses gommes, il lui faut
trouver le placement de tout l'excédant, et dans ce but, il est obligé
de faire lui-même un commerce important avec les peuplades éloi-
gnées qui habitent le centre de l'Afrique.

Dans ces transactions, le Maure continue, à l'imitation de nos traitants d'employer la guinée comme monnaie d'échange. Il a donc
rencontré, vous devez le comprendre, Messieurs les Sénateurs, les
mêmes embarras que nos traitants dans l'emploi des guinées imitations de basse qualité. Donc le Maure, au lieu d'avoir trouvé un avan-

tage quelconque dans l'introduction des guinées imitations, n'a recueilli, lui aussi, que troubles et mécomptes, ce qui explique son désir de les voir disparaître.

Mais ce n'est pas seulement à cause de la perturbation que ces guinées ont apporté dans les affaires, qu'elles ont été nuisibles au commerce Sénégalais. Il est arrivé, en effet, que les guinées anglaises du plus bas type ont été fabriquées avec un tissu sans consistance, teint par des procédés chimiques provoquant une prompte décomposition et qu'elles n'ont atteint le poids promis qu'au moyen d'une forte surcharge d'eau, autre cause puissante de destruction (1).

Ces guinées ne constituaient pas seulement une monnaie sans sincérité, mais elles étaient pour les Maures obligés de faire des voyages longs et pénibles pour atteindre les marchés de l'intérieur, un véritable objet de répulsion. On n'appelait plus cette sorte aux escales que sous le nom de *guinée de quarante jours*.

Mais en même temps que les affaires, au Sénégal, éprouvaient ce trouble, cause des plaintes unanimes de tous les intéressés, négociants importateurs et traitants, et que la monnaie de traite s'avilissait chaque jour d'avantage, un autre fait d'une haute gravité se produisait.

On voyait, en effet, la fabrication de la guinée française, autrefois seule admise dans la colonie diminuer en raison directe de l'augmentation des importations de guinées étrangères.

Les industriels de Rouen pour qui la fabrication de la guinée n'était pour ainsi dire qu'un accessoire de leur production, purent facilement abandonner la lutte, ils le firent immédiatement.

La situation n'étant pas la même à Pondichery où la guinée est le seul aliment de l'industrie cotonnière, on ne réduisit que progressivement le travail, afin de ne pas ruiner brusquement une population ouvrière considérable ; on soutint la lutte jusqu'au moment ou faute de débouché les rouets et les métiers à tisser furent complètement arrêtés.

C'est donc en présence d'une situation doublement fâcheuse, que d'un côté le Gouvernement du Sénégal, de l'autre celui de l'Inde, se préoccupèrent de trouver un remède à des maux aussi sérieux.

(1) Voir aux pièces justificatives les nos 2 et suivants.

Pouvait-on au Sénégal, laisser sans péril altérer une monnaie de traite qui était la sauvegarde des transactions, et ne fallait-il pas mettre un frein à un courant d'importation susceptible de produire des résultats aussi immoraux que dangereux pour la prospérité commerciale ?

D'un autre côté, pouvait-on dans l'Inde, voir sans en être vivement préoccupé, la ruine totale d'une industrie traditionnelle assurant l'existence d'une très-nombreuse population ouvrière, et qui, on peut le dire, était le dernier élément local du commerce, bien amoindri, de notre ancienne colonie?

Il n'est pas sans utilité, Messieurs les Sénateurs, de vous faire connaître l'importance considérable que cette industrie de la guinée a pour notre colonie indienne.

Les déclarations recueillies par le Conseil Général de Pondichéry et les renseignements réunis par la Chambre de commerce de cete ville démontrent que la fabrication de la guinée, fournit à elle seule les moyens d'existence à près de 7,000 ouvriers chefs de famille qui font ainsi vivre plusieurs personnes du produit de leur travail.

Les fils destinées à être convertis en guinées sortent de trois filatures mécaniques appartenant à trois propriétaires différents, et proviennent en outre de nombreux rouets actionnés à la main.

Ces filés sont convertis en toiles écrues au moyen d'un important tissage mécanique joint à la principale filature, ainsi que par l'intermédiaire d'un très-grand nombre de tisserands travaillant à domicile sur des métiers du pays.

Par suite des conditions climatériques, le rendement du travail industriel est naturellement peu élevé et beaucoup moindre qu'en Europe, c'est ce qui explique le nombre considérable d'ouvriers employés aux diverses transformations de la matière première.

La toile écrue est ensuite livrée à de nombreux teinturiers Indiens qui ont chacun un petit atelier dans les environs de Pondichéry. Les procédés primitifs et en apparence inférieurs mis en usage pour teindre en bleu la guinée, donnent au contraire des produits *tellement appréciés des maures, à cause de l'odeur particulière qu'ils dégagent,* qu'on a cherché depuis bien longtemps à les imiter sans pouvoir jusqu'à ce jour réussir. L'insuccès de ces tentatives assurait donc la vie de cette industrie, sans la concurrence des guinées imitation produites en Europe. [Angleterre-Belgique].

En outre, les filatures ont besoin d'un personnel de manœuvres fort nombreux, et l'entretien d'un matériel très-important alimente les ateliers spéciaux qui ne pourraient pas se soütenir dans ces travaux.

Avant la crise, la production annuelle de la guinée était de 3.000 balles de 100 pièces l'une, ayant 15 mètres de long chaque ; elle peut sans exagération atteindre le chiffre de 4.000 balles. Ce qui représente tant en achats de matières premières, main d'œuvre, transport, combustible etc. un mouvement commercial *de 8.000.000 fr. susceptible d'atteindre 10.000.000 et au delà.*

La valeur des trois établissements industriels installés avec des machines venues d'Europe, mues par la vapeur, s'élève approximativement à *3.000.000 fr.*, ils ont depuis leur création nécessité un débours beaucoup plus considérable.

Cette disgression nécessaire terminée, nous revenons, Messieurs les Sénateurs, au moment où nos deux colonies du Sénégal et de Pondichéry demandaient au Gouvernement de porter remède à une situation qui leur était funeste.

Dans ces circonstances, le 6 Avril 1875, à une époque bien antérieure à celle du 16 Mai 1877, Monsieur le Ministre des colonies adressait à Monsieur le Gouverneur du Sénégal une dépêche accompagnant un questionnaire préparé pour provoquer l'opinion du Commerce Sénégalais sur l'emploi de la guinée. La réponse fut, disons-le en passant, complètement favorable à la guinée de l'Inde (1).

En même temps, le Ministre du commerce demandait aux Chambres de Commerce d'émettre leur avis.

Au Sénégal on reconnut donc la nécessité de maintenir à la guinée de l'Inde toute sa valeur comme monnaie de traite, et dans ce but les commerçants demandèrent la fixation d'un poids minimum de 1 kil. 750 par pièce de 15 mètres, plus un traitement de faveur pour les guinées françaises en imposant les guinées d'origines étrangères, à leur entrée au Sénégal d'un droit de 0,20 c. par mètre *soit 3 fr.* par pièce.

Les Chambres de Commerce, généralement peu au courant de la question, on peut bien le dire, l'examinèrent seulement au point de vue abstrait des théories économiques, et sans s'être prononcées sur le fond émirent en majorité des opinions simplement favorables au libre-

---

(1) Voir aux pièces justificatives le questionnaire n° 15 et la réponse sous le n° 16.

échange. Quelques-unes cependant furent d'avis de favoriser les produits nationaux.

Vers la même époque le Conseil supérieur du Commerce ayant à examiner le régime douanier colonial, émit un vœu complètement favorable à l'industrie française.

Les négociants bordelais en relation avec le Sénégal qui avaient abandonné systématiquement pour des raisons sans caractère commercial, la guinée de l'Inde et favorisé avec exagération l'industrie étrangère, furent naturellement d'un avis opposé à celui donné dans la réponse faite à Saint-Louis au Questionnaire.

Ces négociants dont la signature figurait, il est vrai, sur le document rédigé au Sénégal, protestèrent avec éclat et désavouèrent leurs agents en leur déniant le droit de faire usage de la procuration qui leur était donnée autrement que pour les besoins du commerce.

On fut jusqu'à prétendre que ces signatures avaient été abusivement obtenues, mais cette accusation n'a jamais été justifiée et ne le sera jamais. La réponse aux questions ayant été l'objet d'une discussion complète dans deux réunions spéciales.

L'opinion des gérants de Saint-Louis doit donc être considérée comme ayant été librement émise; de plus elle doit mériter la plus sérieuse attention, par la raison qu'elle émane d'hommes pratiques mieux placés que les Bordelais pour juger une question que leur séjour au Sénégal et leurs relations continuelles avec les traitants leur a permis d'apprécier exactement.

Les négociants de Bordeaux adressèrent ensuite par l'intermédiaire de la Chambre de Commerce, lettres et observations à M. le Ministre de la Marine. Ils envoyèrent à Paris des délégués qui furent successivement reçus et entendus aux Ministères de la Marine et des Colonies, des Finances et du Commerce.

Ils provoquèrent à Saint-Louis diverses protestations que leurs agents durent appuyer *par ordre* et qui par cette raison ne peuvent être considérées comme reproduisant une appréciation locale librement consentie.

Pendant deux longues années la question de la guinée a été, vous le reconnaîtrez, Messieurs les Sénateurs, étudiée avec la plus grande liberté de discussion, et il est incontestable que les opinions les plus opposées s'étant produites dans ce débat contradictoire, elles passèrent toutes sous les yeux du Gouvernement.

Dès les derniers mois de 1876 un projet de décret donnant à la fois satisfaction aux plaintes du Sénégal et à celles de l'industrie française, fut rédigé au Ministère de la Marine et soumis aux divers départements qui devaient en connaître. Tout était donc en état et au moment d'aboutir bien avant l'ouverture de la période du 16 mai.

Ce décret fut enfin signé le 19 juillet 1877 par les Ministres de la Marine et des Colonies, des Finances et du Commerce.

Après l'exposé complet que nous venons de faire, nous n'avons pas besoin, Messieurs les Sénateurs, d'énumérer de nouveau les raisons qui ont motivé la nouvelle législation; elles ressortent assez clairement des faits et observations que nous avons déjà relatés.

Nous nous bornerons à signaler que l'application du droit différentiels de 1 fr. 20 aux guinées étrangères n'avait pas parue choquante au point de vue économique.

En effet, d'après les tarifs établis en France en vertu des traités de commerce, la guinée serait frappée d'un droit de 75 fr. les 100 kil. si on voulait la faire entrer sur le territoire métropolitain. Or comme le poids moyen de la guinée étrangère introduite au Sénégal, est de 1 k. 500 la pièce, il en résulte que sur cette base de 75 fr. les 100 kil. les Guinées étrangères acquiteraient à leur entrée en France, un droit moyens de 1 fr. 12 1/2 par pièce, c'est à dire, une taxe à peu près équivalente à celle fixée par le décret du 19 juillet 1877. — Les sortes belges qui pèsent 1 k. 650 la pièce, seraient même frappées d'un droit supérieur soit 1 fr. 23.

Il nous reste maintenant, Messieurs les Sénateurs, à indiquer les conséquence du décret et à faire tomber les critiques des adversaires.

Les conséquences du décret du 19 juillet 1877 n'ont pas trompé l'attente du législateur. et il est incontestable qu'au Sénégal la concurrence des Guinées étrangères diminuant, le commerce du fleuve s'est heureusement régularisé. D'un autre côté les filatures de Pondichéry qui avaient déjà repris le travail grâce à un secours momentané alloué sur le budget colonial, ont énergiquement travaillé pour faire revivre l'industrie de la guinée.

Nous devons cependant, Messieurs les Sénateurs, vous signaler que la différence du régime douanier appliqué aux deux arrondissements formant la colonie du Sénégal, fit naître une difficulté qui a pu être surmontée.

Dans le premier arrondissement qui comprend Saint-Louis et le fleuve, on perçoit des droits à l'entrée, tandis que dans le second qui comprend Gorée, la baie de Rufisque et la petite côte jusqu'aux rivières de Siné et Saloum, il n'existait au contraire que des droits de sortie au moment de la signature du décret.

En établissant ses deux systèmes opposés on avait voulu permettre à Gorée par exemple, de devenir un grand entrepôt de transit, et favoriser dans une certaine mesure la culture de l'arachide, en facilitant l'accès du marché de Rufisque.

Mais il y avait une raison toute spéciale pour ne percevoir que des droits de sortie dans le deuxième arrondissement. C'est que l'impôt sur les exportations, permettait seul de le faire peser sur l'ensemble du mouvement commercial et par conséquent de le répartir équitablement.

L'achat des graines oléagineuses qui sont pour ainsi dire les seuls produits traités dans le deuxième arrondissement ne se fait pas par voie d'échange comme dans le fleuve. L'arachide est en effet acheté à Rufisque avec des espèces métalliques (pièce de 5 francs en argent) et il se consomme dans l'arrondissement fort peu de marchandises. On estime que l'emploi des espèces entre pour plus de deux tiers et la marchandise pour un peu moins du tiers dans l'ensemble des transactions.

Les espèces ne pouvant pas être soumises à un droit de douane, on comprendra que si l'impôt avait été perçu à l'entrée, il aurait à peine frappé un tiers du mouvement commercial valeur d'importation, au lieu de peser également sur l'ensemble que les droits de sortie ont pu seuls atteindre.

Les adversaires comme les partisans du décret du 19 juillet 1877, se demandèrent aussitôt sa promulgation, si on ne chercherait pas à introduire la guinée dans le fleuve en la faisant passer par fraude par les ports du second arrondissement. A Saint-Louis, on s'émut également de cette éventualité, et à cette occasion la population émit un vœu en faveur de l'assimilation des deux arrondissements au même régime douanier.

Les négociants Bordelais soutinrent que le droit était un encouragement à la fraude et s'emparèrent de cet argument pour en demander l'abrogation.

Mais était-il juste, était-il vrai de dire que le décret du 19 juillet excitait à la fraude? Il est facile de comprendre que ce n'était ni juste ni vrai, car ce n'était point le décret qui avait établi la différence des régimes douaniers depuis longtemps en vigueur. Or, c'est précisément cette contrariété de perception dans les deux arrondissements qui pouvait faciliter la fraude, et il n'était pas besoin du décret du 19 juillet pour la réaliser.

Ce serait d'ailleurs le renversement de tous les principes de soutenir qu'une loi faite précisément dans un but de moralité commerciale encouragerait, au contraire, des agissements frauduleux. Autant vaudrait-il dire que le gendarme fait le voleur.

Le Gouvernement préoccupé de la réalisation d'une fraude, qui, par contagion pouvait s'étendre de la guinée aux autres marchandises d'importation, et tarir dans une proportion alarmante le revenu colonial, s'est décidé à assimiler les deux arrondissements; et depuis le décret du 20 janvier dernier, on perçoit partout le même droit d'entrée.

La situation paraissait donc définitivement régularisée à l'avantage des deux colonies, mais elle ne l'était pas à la satisfaction de quelques mécontents qui avaient espéré obtenir le retrait du décret.

Les entreprises de ces opposants aujourd'hui bien peu nombreux, nous ramènent en ce moment, Messieurs les Sénateurs, devant vous.

Ces adversaires de la nouvelle législation après avoir fait de la question un historique, qui certainement doit s'écarter de celui que nous vous avons soumis, soutiennent entre autres choses :

1° Que le décret du 19 juillet 1877 a soulevé une opposition unanime qui n'a cessé de faire entendre les plaintes les plus énergiques;

2° Que les réclamations ont été systématiquement écartées, et que le décret préparé de longue main n'a vu le jour que par des raisons politiques;

3° Que le décret a créé à St-Louis une situation intolérable;

4° Qu'après avoir déplacé le commerce de la guinée étrangère pour le porter de St-Louis à Dakar, il doit avoir pour résultat de le refouler jusque dans la Gambie ;

5° Que le décret a pour conséquence de créer au profit exclusif de Pondichéry et à la charge du Sénégal un impôt annuel de fr. 240.000;

6° Que Rouen a été sacrifié volontairement aux filatures de Pondichéry.

7° Que le décret n'est pas justifiable au point de vue économique.

Les opposants ajoutent que la guinée n'est plus une monnaie de traite. Que les traitants n'ont pas d'importance commerciale, étan de simples commis et non des commerçants. Que la guinée imitation est de qualité excellente. — Enfin que la guinée étant principalement consommée par les Sénégalais nationaux, l'impôt pèse sur les habitants de la colonie et non pas sur les étrangers.

Puisque nous sollicitons le maintien des décrets des 19 juillet 1877 et 20 janvier 1879 nous avons, Messieurs les Sénateurs, l'obligation de répondre à ces diverses critiques.

Mais avant d'entamer cette discussion, il n'est pas sans utilité de faire remarquer que la pétition que nous combattons n'était signée que de quatre maisons sénégalaises établies à Bordeaux, ayant succursale à Saint-Louis, soit :

MM. Maurel & H. Prom, Buhan père fils & A. Teisseire, Delmas & Laporte, O. Teisseire.

Les autres signatures qui figurent sur le document appartiennent à de simples commissionaires ou à des maisons étrangères au commerce du fleuve qui emploie seul la guinée.

Par contre, nous devons faire observer qu'il existe également à Bordeaux quatre grandes maisons sénégalaises qui n'ont pas signé la pétition. ce sont :

MM. H. Rabaud & Cie, Marc Mere neveu & Robert, Devès et Chaumet, G. Devès & Cie.

plus un certain nombre de commissionnaires.

Mais est-ce bien à Bordeaux que l'on peut trouver réunis tous les intérêts engagés dans le commerce sénégalais ? et n'est-ce pas plutôt dans la Colonie ?

A notre avis les bordelais ne peuvent pas avoir la prétention de composer à eux seuls le corps commercial sénégalais. Ils peuvent à un certain point de vue en être la tête, mais pour reconstituer l'ensemble et trouver tous les membres de ce corps, il faut nécessairement aller jusqu'à St-Louis même. C'est là seulement que les questions qui intéressent notamment le commerce du fleuve, peuvent être étudiés complètement en consultant l'opinion des hommes pratiques qui participent à divers degrés à ces affaires.

3

I & II

Les deux premières objections faites par les pétitionnaires sont complètement détruites par l'exposé de faits que nous avons rédigé plus haut.

Non seulement la nouvelle législation n'a pas soulevé cette opposition unanime dont on parle, mais il est encore démontré que les protestations viennent toutes de quelques maisons de Bordeaux, ou ont été inspirées par elles ; encore faut-il ajouter que depuis le décret du 20 janvier dernier plusieurs d'entre elles ont refusé de continuer leurs premières réclamations.

Nous avons démontré également que pendant une durée de deux années les opinions les plus contradictoires ont pu se produire librement, que les pétitionnaires ont été vus et entendus par les Ministres.

Si leurs dernières plaintes sont restées sans réponse c'est évidemment parce qu'elles ne s'appuyaient sur aucun argument nouveau.

Avons-nous besoin de prouver que le décret n'a pas été une œuvre politique. Il nous paraît inutile de nous attacher à refuter un argument qui s'adressant uniquement à des esprits étroits, ne vous a certainement pas impressionnés. Plus réservés que nos adversaires, nous nous abstiendrons encore moins de faire du débat une question de personne, des raisons de cette nature ne sont jamais probantes, elles ne conviennent qu'à ceux qui n'en ont pas d'autres à produire.

Nous nous permettrons seulement de faire ressortir que l'enquête commencée dans les premiers mois de 1875, s'est terminée fin 1876 par la rédaction d'un décret préparé par les soins de M. le Ministre de la Marine.

III

Les pétitionnaires prétendent que le décret a créé une situation intolérable à Saint-Louis et causé un grave préjudice au commerce.

C'est une allégation qu'il serait impossible de justifier.

Depuis le 19 juillet 1877 le mouvement commercial, loin d'être venu plus difficile, moins prospère n'a pas faibli ; les produits sont arrivés avec la même abondance aux escales, et il n'existe pas la moindre trace de diminution dans les affaires.

Il ne s'est révélé, nous le répétons, Messieurs les Sénateurs, aucun symptôme alarmant, l'année présente est même particulièrement favorable, et le droit si écrasant qui frappe la guinée au dire de nos adversaires, n'y met aucun obstacle.

On dit il est vrai que l'abondance des récoltes n'a pas permis de rencontrer la preuve matérielle des conséquences fâcheuses du décret.

Mais si les pétitionnaires admettent l'influence qu'exercent les récoltes sur le mouvement commercial, ils donnent la juste mesure de l'argument qui aurait pour objet de rejeter sur le décret du 19 juillet 1877, les effets d'une mauvaise récolte.

Ils ne peuvent donc échapper à l'obligation de démontrer les conséquences qu'ils attribuent au décret, et s'ils ne le font pas, il faut en conclure qu'ils sont dans l'impuissance d'administrer cette preuve.

Pour nous qui avons constaté l'affaiblissement de la concurrence, la régularisation des cours de traite, nous sommes fondés à proclamer l'efficacité du remède.

Mais, Messieurs les Sénateurs, où trouver une justification plus éclatante que la situation n'est pas intolérable à Saint-Louis, que dans la division qui s'est opérée parmi les opposants?

Les maisons qui ont refusé de signer la dernière pétition sont toutes établies uniquement à Saint-Louis. Admettra-t-on qu'elles aient pu ainsi abandonner leurs prétentions si la situation était vraiment intolérable à Saint-Louis ? Poser la question, c'est la résoudre.

IV

On objecte que le décret du 19 juillet 1877 a eu pour effet de déplacer le commerce de la guinée étrangère qui, après avoir essayé de se transporter à Gorée-Dakar, sera définitivement refoulé vers la Gambie.

En réponse à cette critique, nous trouvons d'abord que la Commission a constaté dans son rapport sur la précédente pétition : « Que » la distance qui sépare Saint-Louis de Gorée ne permettait pas à la

» contrebande de profiter, au détriment de Saint-Louis, de l'entrée en
» franchise des marchandises importées à Gorée. »

Voilà une première raison tirée du fond même de nos adversaires,
qui démontre que le commerce de la Guinée étrangère aurait pu *diffi-
cilement* se transporter de Saint-Louis à Gorée.

Mais depuis le décret du 20 janvier dernier il y a pour ce déplace-
ment un obstacle insurmontable, puisque le deuxième arrondissement
est soumis aux mêmes droits d'entrée que le premier.

On dit que le refoulement va se faire jusqu'à la Gambie.

Comment répondrons-nous à nos contradicteurs, vous avez trouvé
que la distance entre Saint-Louis et Gorée était assez considérable
pour qu'il n'y ait eu aucun profit à déplacer jusqu'à Gorée seulement,
le marché des guinées étrangères, et vous essayez d'alléguer que le
décret fera refouler ce commerce jusqu'en Gambie, franchissant ainsi
une distance au moins deux fois plus considérable que la première ?

Il n'est pas besoin de démontrer, en effet, que la Gambie est sépa-
rée de Saint-Louis et du fleuve par une énorme étendue de territoire,
nous ajouterons qu'il n'existe dans cette partie de l'Afrique ni route
ni cours d'eau ; certains géographes discutent en ce moment même la
question de savoir si ces contrées sont bien de véritables déserts, ainsi
que l'indiquent les cartes.

Il paraît donc impossible que le commerce de la guinée étrangère
puisse se transporter dans la gambie ; il n'est pas de négociant assez
téméraire pour entreprendre d'importer des guinées étrangères dans
ce fleuve pour les faire parvenir de là au Sénégal.

Les Maures eux-mêmes ne seront pas tentés de franchir la distance et de s'exposer aux dangers et fatigues d'un semblable voyage
pour aller chercher une guinée qui n'a pas leurs préférences, alors
même qu'on pourrait la leur échanger pour une valeur sensiblement
moindre que dans le fleuve du Sénégal.

Il est opportun de faire d'ailleurs remarquer que les Maures tra-
fiquants de gomme contre guinée, habitent la rive droite du fleuve, et
qu'ils sont le plus souvent en état d'hostilité avec les peuplades de la
rive gauche, ce qui rend pour eux le voyage de Gambie encore plus
difficile.

V

On prétend que le décret du 19 juillet a eu pour résultat économique de permettre à Pondichéry de vendre ses produits 1 fr. 20 par pièce de plus qu'ils ne valent réellement, et de créer par ce fait un impôt extraordinaire de 240,000 fr. par an que le Sénégal subit au profit exclusif de Pondichéry.

Cette allégation est complètement inexacte.

Pour être vraie, il faudrait que l'Inde puisse fabriquer exactement et au même prix de revient la guinée que produit l'industrie anglaise. En effet, s'il en était ainsi, on comprendrait qu'à la faveur du décret, les fabricants de Pondichéry puissent surélever les prix de vente de toute l'importance du droit.

Mais les pétitionnaires ont sans doute oublié, ou plutôt ils ont feint d'oublier, que la situation faite par le décret aux deux industries rivales est complètement différente.

D'une part il y a, en effet, l'industrie européenne des imitations qui paie 1 fr. 20 de droit par pièce, mais qui jouit de la liberté la plus absolue de fabrication, puisqu'elle n'est soumise à aucune obligation de poids, de dimension et de qualité.

D'autre part, se trouve l'industrie française, favorisée il est vrai, de l'exemption des droits, mais qui est tenue de fabriquer des guinées devant avoir un poids minimum de 1 kil. 800 la pièce de 15 mètres de longueur et de 85 centimètres de largeur.

La situation est donc complètement inégale, et les prix de revient des deux productions ne peuvent être que tout à fait dissemblables.

En ce moment la guinée anglaise en usage pèse seulement 1 kil. 400 la pièce, alors que la guinée française doit avoir un poids minimum de 1 kil. 800 et qu'en réalité, elle va jusqu'à 2 kil. On a même fabriqué des guinées anglaises de 1 kil. 100.

Croit-on que dans de semblables conditions l'égalité du prix de revient soit possible, et peut-on admettre que Pondichéry soit en position de vendre ses produits 1 fr. 20 par pièce de plus qu'ils ne valent réellement?

Cette assertion est complètement inexacte, nous venons de le démontrer péremptoirement.

Nous ajouterons qu'en fait, la guinée de l'Inde s'est vendue après le décret au même prix qu'avant, et que par conséquent, on ne peut pas accuser les fabricants d'avoir exploité la situation à leur profit.

VI.

Les pétitionnaires ont prétendu que Rouen avait été sacrifié à Pondichéry.

Nous n'avons jamais eu connaissance que les industriels de Rouen aient formulé une plainte semblable. Nous produisons à cette occasion copie d'un article paru dans le "Nouvelliste de Rouen" du 11 Avril 1879 qui démontre l'inexactitude des sentiments que l'on prête si gratuitement aux Rouennais (1).

Nos adversaires défenseurs sans mandat d'une industrie dont les nombreux produits s'écoulaient au Sénégal avant le régime qui a leur préférence, nous paraissent bien mal venus à prendre cette attitude.

Ils prétendent que la manœuvre de Pondichéry a été la fixation du poids minimum de 1 kil. 800 la pièce, parce que Rouen ne pourrait pas produire cette sorte à un prix de revient aussi modéré que les fabricants Indiens.

Il a été établi que le minimum de poids a été demandé au Sénégal et que cette obligation a été imposée par des considérations étrangères à toute question de fabrication, pour rétablir le cours normal de la monnaie de traite.

Le décret réserve aux produits nationaux une égalité complète de traitement, comment peut-on soutenir que cette stipulation couvre une manœuvre ?

Pour essayer d'en faire la justification, on dit que Rouen pourrait lutter victorieusement contre Pondichéry si le minimum de poids était abaissé à 1 kil. 500.

Poser la question dans ces termes, c'est démontrer que l'on cher-

---

(1) Voir aux pièces justificatives le n° 17.

cherait uniquement la ruine de Pondichéry. Nous nous demandons si c'est par esprit de bonne confraternité coloniale. Enfin, passons.

On ne va cependant pas jusqu'à dire que Rouen ne jouirait pas exclusivement du privilége de pouvoir fabriquer des guinées du poids de 1 kil. 500, tandis que Pondichéry serait obligé de produire par continuation des Guinées 1 kil. 800. Ce serait trop monstrueux.

Il faut donc reconnaître que les deux industries admises aux mêmes avantages conserveraient la situation respective qu'elles occupent aujourd'hui, sans que les résultats de la fabrication puissent être modifiés.

Si Rouen a demandé un abaissement du minimum de poids, c'est pour pouvoir lutter avec plus d'avantage contre les Anglais et les Belges et non point contre Pondichéry.

Ne pouvant imiter les guinées de l'Inde qui représentent un genre tout à fait spécial, Rouen n'a d'autres modèles à imiter que les produits anglais et belges. Or, il est certain que les fabricants de ces pays ne sont parvenus à la réduction du prix de revient qu'ils ont atteintes qu'en employant tous les perfectionnements industriels.

Mais les Rouennais ne paraissent pas soucieux d'entrer dans une voie dangereuse et coûteuse, ils préfèrent aux chances d'une fabrication entourée de difficultés obtenir l'abaissement du prix de revient par une diminution dans le minimum de poids.

Il n'est donc pas surprenant que Rouen ne produise pas de Guinée, et certainement ce n'est pas la conséquence d'une manœuvre réalisée par les industriels Indiens.

On se souvient d'ailleurs, à Rouen, qu'à une époque récente, certains faiseurs de Guinées perdirent des sommes considérables par suite d'insuccès de fabrication.

VII

Nos adversaires disent enfin que le décret est injustifiable au point de vue économique.

Nous avons déjà signalé que ce reproche ne peut être fondé, puisque le décret du 19 juillet 1877 a eu pour conséquence, l'application au Sénégal des clauses de nos traités de commerce.

A cette occasion, nous croyons utile de faire remarquer, que lorsque le Gouvernement s'occupait en 1861 de modifier le régime douanier de nos colonies et que cette question fut soumise au Corps législatif, la loi votée comprit dans un article 2 la disposition suivante :

« Les marchandises étrangères sont assujetties à leur importation » aux colonies, aux mêmes droits de douane que ceux qui leur sont » imposés à leur importation en France. »

Le rapport fait le 2 février 1861 par M. le Ministre de la marine et des colonies, l'exposé des motifs rédigé par le Conseil d'État le 22 mai 1861 accompagnant le projet de loi, enfin le rapport fait au nom de la Commission du Corps législatif sous la date du 19 juin 1861, reconnaissent que les colonies doivent être considérées comme des départements français pour l'entrée des produits étrangers.

Il n'est pas possible de dire qu'une législation qui applique ces principes soit contraire aux idées économiques de 1860.

Nous avons expliqué plus haut, comment en prenant pour base notre tarif de douane, la guinée étrangère serait imposée à son entrée en France, si elle pouvait y trouver un débouché. Nous rappelerons simplement que ce droit s'élève à 1 fr. 23 par pièce du poids de 1 kilog. 65, à 75 fr. les 100 kilog.

Il ne s'agit pas ici de ramener la taxe à une estimation *ad valorem,* la comparaison pour être exacte doit être établie conformément au tarif réel.

Nos adversaires soutiendront-ils que le consommateur Maure ainsi que ceux qui ne sont pas attachés à la France, contre laquelle ils sont souvent prêts à prendre les armes, sont plus intéressants que nos populations métropolitaines? Nous ne voudrions pas le croire; s'il en était cependant ainsi : vous apprécierez, Messieurs les Sénateurs, le mérite d'un semblable argument.

Il nous reste maintenant, Messieurs les Sénateurs, à démontrer, contrairement aux assertions de nos adversaires, que la guinée est encore aujourd'hui une monnaie, — que les traitants sont de véritables négociants, — que les guinées anglaises inférieures ne sont pas de bonne qualité; — qu'enfin la consommation de la guinée se fait principalement hors de notre territoire colonial.

Les pétitionnaires ont, en effet, tout intérêt à soutenir que la guinée n'est plus une monnaie, ce serait enlever au décret sa principale signification.

Ils ont également besoin d'amoindrir la situation des traitants pour affaiblir en même temps la valeur de leurs réclamations et de leurs opinions sur les affaires du fleuve.

Ils ont avantage pour appuyer leur système à dire que la guinée étrangère est de bon aloi.

Enfin, on comprend qu'ils s'efforcent de démontrer que le droit de 1 fr. 20 pèse sur des nationaux.

Nous affirmons que la guinée continue d'être une monnaie, et nous en trouvons la preuve indéniable dans une lettre même que les négociants Bordelais écrivaient le 21 juillet 1875 pour protester devant le Ministre de la marine contre la réponse faite à Saint-Louis au Questionnaire.

Ces négociants parmi lesquels nous trouvons MM. Maurel et H. Prom, Buhan et Teisseire, pétitionnaires d'aujourd'hui, s'exprimaient ainsi :

« Le Questionnaire pose comme un fait acquis le remplacement des » guinées par l'argent comme monnaie de traite dans le fleuve du Sé- » négal ; il se borne à demander les causes et les effets de ce change- » ment et les moyens d'y remédier.

» *Or, le fait est absolument inexact.*

» L'argent est employé sur toute la Côte d'Afrique pour le com- » merce des arachides, mais dans le fleuve, il n'a pas plus cours qu'il » y a cent ans. *La guinée y est toujours et n'a cessé d'être la seule* » MONNAIE ACCEPTÉE *dans les transactions* avec les indigènes noirs ou » Maures. »

Voilà un aveu aussi formel que précis qui détruit complètement les affirmations contraires formulées actuellement par ceux-là même qui l'ont signé.

Comment, d'ailleurs, la guinée aurait-elle cessé d'être la monnaie de traite en usage dans le fleuve, puisque aucune autre unité moné- taire ne l'a encore remplacée?

Il faut également conclure du soin qu'on a apporté depuis quatre ans, tant à Bordeaux qu'à Saint-Louis, de fixer le type minimum de la guinée anglaise, soit comme poids, soit comme qualité dans le but avoué de régulariser les affaires du fleuve, que la guinée est vérita- blement toujours une monnaie (1).

____

(1) Voir aux pièces justificatives les nᵒˢ 2 à 12.

Nos adversaires disent que les traitants sont de véritables commis et non des négociants.

C'est une grave erreur et nous en trouvons la preuve évidente dans un document qui porte encore la signature de MM. Maurel et H. Prom, Buhan et Teisseire, et O. Teisseire. Il s'agit du mémoire adressé le 2 juin 1876, à Monsieur le Gouverneur Brière de l'Isle au moment où il venait de se rendre dans la colonie.

Dans ce mémoire, joint aux pièces justificatives, on trouve tout un article 3, qui établit de la manière la plus formelle que les traitants sont des négociants et non point de simples commis (1).

On y demande, en effet, contre les traitants le rétablissement *du privilége du vendeur* en faveur des négociants *bailleurs de fonds des traitants.*

On y reconnait que les traitants *font le commerce dans le fleuve.*

Enfin dans le même mémoire, article n° 5, ou fait remarquer que le défaut de comptabilité chez les traitants doit entraîner, *en cas de faillite, la banqueroute frauduleuse* et l'emprisonnement.

Et ce sont ces hommes, contre lesquels on prend tant de précautions parce qu'on les traite comme de véritables négociants, qu'on voudrait faire passer aujourd'hui pour des commis ? Vraiment cette argumentation n'est pas sérieuse.

Il est donc certain que la grande majorité des traitants doive être considérée comme des commerçants astreints à toutes les obligations du négociant, et que par conséquent ils peuvent émettre des opinions utiles à consulter pour tout ce qui concerne les affaires du fleuve.

La mauvaise qualité des toiles anglaises est un fait notoire, nous joignons aux pièces justificatives toute une série de documents qui font une démonstration indiscutable du fait, à cause même de leur origine anglaise (2).

Il nous parait donc impossible que les négociants qui ont si souvent reconnu la mauvaise qualité des toiles anglaises, et qui cherchent à se défendre contre l'envahissement des sortes inférieures, puissent soutenir, aujourd'hui, que ces guinées sont excellentes, et veuillent

---

(1) Voir pièces justificatives n° 1.
(2) Voir pièces justificatives n° 2 à 11.

réellemont s'exposer à l'éventualité dangereuse (le passé le prouve) de n'avoir que cette monnaie de traite dans le fleuve.

Pour démontrer que la guinée ne se consomme pas uniquement dans nos possessions coloniales, il suffit de regarder simplement la carte ; on y verra que si le pavillon français flotte dans le fleuve jusqu'à près de 1,000 kilomètres de son embouchure, le territoire colonial est loin d'être aussi étendu qu'on pourrait le croire, et que par conséquent la population nationale n'est pas très-considérable.

Il est constant que les principaux acheteurs de guinées sont les nations maures et les noirs des province qui ne nous sont pas soumis. Le fait n'est pas douteux pour ce qui intéresse le commerce du fleuve ; la gomme par exemple est portée aux escales uniquement par les Maures, il en est de même d'autres produits comme les plumes, qui dans ces dernières années ont donné lieu à des affaires très-importantes, l'or, l'ivoire et les arachides, qui se traitent dans le haut du fleuve contre de la guinée ; or l'ensemble de ce commerce de troque forme l'élément d'affaires le plus important, et comme nous venons de l'indiquer il est fait par les nations Maures, des Braknas, Trarzas, Douaïch, et autres noirs appartenant les uns et les autres à des territoires qui ne sont pas soumis à notre gouvernement.

Nous reconnaissons qu'il se fait cependant à Saint-Louis même, un commerce important de guinées et principalement de guinées étrangères, mais il ne faudrait pas en conclure que ces tissus sont uniquement achetés par des habitants de l'Ile ou les noirs qui appartiennent réellement à la colonie.

Depuis que l'accès de Saint-Louis est devenu plus facile, il s'est établi pendant la saison des affaires un courant de transit, qui pour diverses raisons attire les noirs et certains Maures au chef-lieu, et qui est l'occasion de vente assez considérables de guinées étrangères. Or les acheteurs qui traversent ainsi simplement notre territoire ne peuvent donc point être considérés comme Français.

En résumé nous croyons être complètement dans le vrai en soutenant que l'impôt très-normal de la guinée pèse presque totalement sur les consommateurs étrangers, et que par conséquent l'intérêt de nos nationaux qu'on essaie de faire valoir n'a qu'une importance tout à fait relative.

Il nous reste en terminant, Messieurs les Sénateurs, à vous signaler un état de choses, qui existe au Sénégal, avec l'approbation de nos négociants pétitionnaires, et qui caractérise à lui seul la valeur de réclamations faites au nom des principes économiques méconnus et de la liberté commerciale.

Le décret du 24 décembre 1864 dispose dans son article 2 toujours en vigueur :

« L'accès du fleuve du Sénégal au dessus de Saint-Louis, conti-
« nue à être interdit aux bâtiments étrangers. » .

Comme vous le remarquez immédiatement, Messieurs les Sénateurs, cette stipulation crée un véritable privilége au profit des nationaux. Elle a en effet pour conséquence d'éloigner de l'intérieur du fleuve les étrangers et de les empêcher de venir y faire la concurrence aux négociants Français et aux traitants.

Ce privilége constitue, nous n'avons pas besoin de le démontrer longuement *une protection absolue* qui est la négation la plus manifeste de la liberté commerciale ; et vous admettrez, Messieurs les Sénateurs, que les pétitionnaires qui repoussent l'application des traités de commerce comme contraires aux principes économiques, ne devraient pas tolérer la situation que nous venons de signaler et pourraient réserver toute leur indignation pour une prohibition aussi barbare.

On dira peut-être que le décret parle seulement des bâtiments étrangers et que les étrangers eux-mêmes ne sont pas exclus du fleuve. Cette distinction qui aurait besoin d'être justifiée n'est pas d'ailleurs suffisante pour enlever à l'article 2 du décret du 24 décembre 1864 son caractère essentiellement prohibitionniste.

Si l'on rapproche la disposition du décret de 1864 des précédentes, et notamment de celles qui ont réservé pendant un certain nombre d'années le privilége du commerce exclusif du fleuve aux traitants comme aussi de celles qui ont supprimé ce privilége, on est amené à conclure que l'accès du fleuve est en fait interdit aux étrangers.

Par tous les motifs qui précèdent, nous vous demandons, Messieurs les Sénateurs, d'accueillir favorablement la conclusion de cette pétition qui est le maintien du décret du 19 juillet 1877, et qu'en conséquence vous voudrez bien en prononcer le renvoi à Monsieur le Ministre de la marine et des colonies. — Ce sera justice.

Un dernier mot, Messieurs les Sénateurs, pour bien préciser l'esprit de cette pétition et dissiper toute équivoque. Nous ne voulons pour Pondichéry, aucun privilége et nous protestons énergiquement contre toute argumentation qui aurait pour but de diviser la cause de l'industrie nationale et de susciter les susceptibilités des industriels Rouennais.

La question de la guinée, n'intéresse pas au surplus seulement Pondichéry et le Sénégal, et nous pourrions démontrer l'importance du commerce de ces tissus pour le marché de Bordeaux et le mouvement maritime de ce port. Nous nous bornons à signaler ce côté d'une cause digne à tous égards, Messieurs les Sénateurs, de votre bienveillante attention.

Bordeaux, le 19 juin 1879.

Signé : MM. SCHŒNGRUN-LOPÈS DUBEC & Cᵢₑ, importateurs.

VERMEIL & VINCENT,   dᵒ

FAURE frères,   dᵒ

SEURIN frères, armateurs.

CHAUMEL DURIN & Cⁱₑ, importateurs et copropriétaires de la filature et du tissage "Savana"

PIÈCES JUSTIFICATIVES

Bordeaux, le 2 juin 1876.

Monsieur le Gouverneur,

Ce n'est un secret pour aucun de ceux qui suivent le mouvement des affaires commerciales, au Sénégal, et vous n'êtes certainement pas sans en avoir été instruit, que depuis plusieurs années déjà notre colonie traverse une crise parvenue aujourd'hui à *ce degré de gravité, qu'elle ne pourrait se prolonger davantage sans péril.*

Cette situation résultant des mauvaises récoltes de gommes qui viennent de se succéder, et *de la concurrence* qui a été la conséquence de cette diminution de production, vous en jugerez les effets, Monsieur le Gouverneur, en constatant, dès votre arrivée à Saint-Louis, les souffrances du commerce local, et en voyant l'état de gêne, on pourrait presque dire de *misère,* où se trouve réduite toute cette partie de la *population indigène qui ne possède d'autre moyen d'existence* que les échanges de gommes aux escales, et qui est l'*auxiliaire indis- pensable de nos transactions dans le fleuve.*

Vous serez ainsi amené, Monsieur le Gouverneur, nous en avons la ferme assurance, à penser avec nous qu'en présence d'une situation qui menace, si elle dure, de prendre les proportions d'un *véritable malheur public;* l'autorité ne saurait, sans faillir à sa mission, se désin- téresser dans une question si importante et *sous prétexte d'orthodoxie économique, assister impassible à la décadence et à la ruine d'un pays dont la prospérité doit être son premier souci, et le but constant de tous ses efforts.*

Repoussant donc la détestable maxime « périssent nos colonies plutôt qu'un principe », vous écarterez comme dangereuse dans l'es- pèce la théorie fatale parfois, — la marine marchande l'éprouve cruellement en France, — du laissez faire, laissez passer, et vous estimerez que devant l'étendue du mal que nous signalons, il est du devoir de l'Administration, comme le disait excellemment l'arrêté du 3 avril 1850, de M. le Gouverneur Baudin, d'en rechercher les causes et d'en arrêter les effets.

C'est, en effet, sous la pression de circonstances semblables, et guidés par les mêmes considérations d'ordre supérieur, que quelques-uns de vos prédécesseurs, pénétrés en outre des *conditions particuliè-res dans lesquelles se pratiquent les affaires au Sénégal,* n'hésitèrent pas à recourir aux mesures énergiques, et à aller — toute excessive que la chose pourrait paraître en d'autres lieux — jusqu'à la règlementation de la traite de la gomme.

Le retour à ces anciens règlements avec les modifications que conseille l'expérience du passé ou que commandent la différence des temps et le progrès des idées, nous apparaît aujourd'hui comme l'unique moyen d'arrêter le commerce de la colonie dans la voie périlleuse où il est actuellement entré.

Nous venons en conséquence, Monsieur le Gouverneur, vous soumettre les dispositions dont la mise en vigueur est seule susceptible de produire cet heureux résultat, et qui, à ce titre, mérite de fixer votre bienveillante attention, et demeure notre dernière espérance :

1° *Ouverture et fermeture de la traite à époques déterminées;*
2° *Détermination des lieux de traite ;*
3° *Garantie à accorder aux négociants expéditeurs.*

La légitimité de la prétention des négociants de s'assurer exclusivement les produits du pays pour l'échange dès qu'ils ont *fournis les avances aux traitants,* a toujours vivement frappés vos prédécesseurs, M. le Gouverneur, et la clause introduite dans tous les arrêtés regissant la traite de la gomme sous le nom de *privilége de vendeurs* n'avait d'autre but que de donner satisfaction sur ce *point aux bailleurs de fonds des traitants.*

C'est cette garantie nécessaire que nous réclamons aujourd'hui en vous priant de disposer :

1° Qu'aucun traitant ne pourra monter dans le fleuve pour y *faire le commerce* (mesure justifié par ce fait que les traitants ne sont pas assujetis à la patente aux escales) s'il n'est expédié par une maison ou tout autre personne payant patente de négociant ou si *lui-même ne paie pas cette patente.*

2° Que les marchandises ou produits existant entre les mains des traitants ne pourront être expédiés des escales qu'à destination de

Saint-Louis à l'adresse du négociant lui ayant *fourni sa facture* et sur le vu d'une lettre de voiture ou d'un connaissement.

Grâce à cette précaution, les traitants ne pourront plus donner aux produits qu'ils auront échangés contre des marchandises, une destination autre que celle qui est naturellement indiquée.

Quant à la pièce, lettre de voiture ou connaissement devant accompagner les envois des traitants, elle est indispensable pour la régularisation en France des assurances qui couvrent nos marchandises et produits dans leur transport en rivière.

4° Etablissement d'un poids public aux escales.

. . . .

5° Comptabilité obligatoire pour tous les traitants.

C'est encore aux conditions toutes spéciales dans lesquelles se trouvent placées les affaires du Sénégal qu'il faut se reporter pour justifier l'obligation à imposer aux traitants de tenir une comptabilité régulière de toutes leurs opérations. C'est en les comprenant et en les pénétrant que le gouvernement avait édicté cette salutaire prescription dans l'article 9 de l'arrêté du 13 avril 1849, ainsi conçu :

« Chaque traitant sera muni avant son départ pour la traite, d'un » registre qui sera côté et paraphé par le Président du Tribunal ; sur » ce registre sera inscrit le manifeste indiquant la quantité et l'espèce » des marchandises chargées à destination des escales, soit à la con- » signation du traitant, *soit pour son propre compte*».

» Pendant le cours de la traite, le traitant consignera jour par » jour sur ce registre les détails et les résultats de ses opérations, il » sera tenu de le présenter chaque fois qu'il en sera requis par les » autorités. »

A cette rédaction nous proposerions d'ajouter :

1° Que ce registre sera tenu en arabe ou en français au choix de l'expéditeur ;

2° Que le peseur public y consignera les poids de toutes les gommes qu'il aura pesées pour le traitant au fur et à mesure qu'elles lui seront présentées ;

3° Nous prendrons la liberté de vous faire remarquer d'ailleurs, Monsieur le Gouverneur, qu'en demandant que les traitants soient assujettis à l'obligation qu'il vient d'être dite, loin de sortir de la légalité et du droit commun, nous ne faisons que vouloir ce que veut la loi française. *Elle impose, en effet, à tout commerçant la tenue de*

*de livres réguliers, et disposé que le défaut de cette comptabilité
entraîne, au cas de faillite, la banqueroute frauduleuse et l'emprisonnement ;*

4° Ces conséquences dont ne se doutent assurément aucun traitant
que nous employons, il nous est revenu qu'en Cochinchine, l'autorité
se trouvant en présence d'une situation semblable à ce point de vue, à
celle qui existe au Sénégal, a pris le soin de les rappeler aux intéressés, et que ce simple avis a suffi pour atteindre le but désiré ;

5° La même intervention officieuse du Gouvernement obtiendrait
sans doute le même effet au Sénégal, si, contre notre attente, vous
n'estimiez pas devoir faire revivre la disposition que nous avons re-
produite de l'arrêté de 1849 ;

6° Défense aux traitants de consentir des crédits ;

. . . .

7° Pénalités. . . . .

Signé :

MM. Maurel et H. Prom.
     Chaumel-Durin et Cⁱᵉ.
     Devès et G. Chaumet.
     Marc-Merle neveu et Robert.
     Rabaud et Jay.
     O. Teisseire.
     Buhan et Teisseire.

N° 2 à 11

Manchester, le 27 janvier 1875.

Messieurs Chaumel Durin & Cᵒ,
Bordeaux.

Chers Messieurs,

Nous avons reçu ce matin la *lettre collective du 23 courant que
certaines maisons de Bordeaux nous ont adressée au sujet des guinées.*
Nous avons lu cette lettre avec beaucoup d'intérêt et une grande satis-

faction. Ces maisons s'engagent à ne plus acheter de guinées au-dessous de 1 kil. 400 en 85 centimètres et 15 mètres, et nous avisent qu'elles cesseront toute relation d'affaires avec les fabricants qui continueront de fournir de tels poids légers.

Il y a quelques observations que nous devons vous faire afin de bien nous rendre compte de la position faite aux producteurs de guinées. Nous suppposons que cette restriction de poids ne s'applique qu'au Sénégal, car certaines maisons qui ont des comptoirs en Gambie, dans le voisinage de Sierra-Léone et au bas de la côte, ont, depuis de longues années, l'habitude d'expédier des guinées qui ne pèsent pas 1 kil. 400. Ces maisons continueront sans doute ces expéditions, mais elles devront indiquer la destination des marchandises en nous remettant leurs ordres, afin que nous puissions mutuellement nous conformer au sens de la lettre collective du 23 courant.

Nous croyons aussi que le but que se proposent les signataires de la lettre collective du 23 courant est de ne pas avoir au Sénégal de guinées ayant moins de *1 kil. 400 en 85 centimètres 15 mètres.* car la lettre précitée indique ces dimensions de *poids, longueur et largeur.*

Les besoins des acheteurs les forcent quelquefois à expédier des guinées en coupes de 12 à 14 mètres ou autres longueurs et aussi en largeurs moindre de 85 cent. Nous supposons que le sens de la lettre collective est que de telles guinées devront peser *au moins* 1 kil. 400. Sous ce rapport la lettre est un peu vague et nous désirerions connaître votre appréciation à cet égard.

Ce que nous craignons encore en limitant les poids des guinées, c'est qu'on essaie d'arriver à en *réduire les prix, en réduisant la qualité du tissu et de la teinture.* Ainsi on diminuerait considérablement les prix si au lieu d'*employer de bons cotons on se servait de déchets, et si au lieu de donner des teintures pur indigo on a recours aux faux teints et remontages.*

Si les négociants sénégalais pouvaient s'entendre pour ne prendre que de *bonnes qualités* en même temps que certains poids, nous sommes persuadés qu'ils seraient les premiers à en ressentir les avantages.

Nous vous remercions, chers Messieurs, de votre communication, et nous vous présentons nos salutations amicales.

Signé : JAMES F. HUTTON & Cie.

Nº 3

Manchester, le 25 juin 1875.

Chers Messieurs,

Nous avons reçu le 24 courant la lettre collective que vous nous avez fait l'honneur de nous adresser, le 15 juin, au sujet des affaires guinées, et nous apprécions les efforts que vous faites pour amener une *entente entre les acheteurs et les vendeurs.* Nous désirons beaucoup vous aider dans cette affaire par tous les moyens en notre pouvoir, mais nous nous trouvons très-embarrassés, car il nous parait impossible que *les vendeurs soient d'accord.*

Depuis longtemps déjà, chaque maison a essayé de s'emparer des affaires et plusieurs ont essayé de détruire la confiance et la bonne entente qui existaient entre l'acheteur et le vendeur. Il y a quelques années on cherchait le moyen de donner *le meilleur article possible au prix le plus modéré,* mais depuis qu'il y a tant de vendeurs de guinées, les acheteurs cherchent toujours à faire baisser les prix, et la conséquence naturelle de cet état de choses est que les vendeurs sont obligés de chercher, par *tous les moyens possibles,* à donner au prix *le plus réduit, le plus mauvais article* en y ajoutant autant que possible *l'apparence du bon.*

Aujourd'hui, les acheteurs veulent imposer un poids et un prix unique comme base d'affaires et ils fixent le prix de 7 fr. 25 pour 1 kilog. 400 dans l'espoir d'avoir à ce prix un *tissu sans mélange* et *teint en pur indigo.* Nous devons dès à présent leur dire qu'ils sont dans l'erreur et que les conditions indiquées sont tout-à-fait impraticables et nous vous assurons qu'il n'est pas possible de *fabriquer un tissu sans mélange d'eau et d'apprêt* et pur d'indigo à moins de 5 fr. par kilog, prix coûtant à Manchester, et si vous ajoutez à ce premier coût, les frais d'emballage, transport, intérêt 6 mois, etc., etc., vous comprendrez qu'une bonne guinée de 1 kilog 400, *honnête à tous égards,* au lieu de coûter 7 fr. 25 reviendra à plus de 8 fr.

Nous avons eu le plaisir de faire des affaires avec Bordeaux depuis près de vingt ans et nous avons été toujours les derniers à réduire les quantités, nuances et conditions. Mais depuis trois ans, d'autres maisons nous ont forcé, non seulement à vous offrir les mêmes avantages qu'elles, mais encore à chercher à réduire les prix autant que possible.

'Le seul moyen d'atteindre ce but a été de réduire les *qualités des tissus*. Pour vous prouver combien ce que nous avançons est vrai, voici le tableau comparé des prix de filés et tissus en 1871 et aujourd'hui :

	Coton d'Amérique	Coton de l'Inde	Tissus écrus p' Guinées	Guinées
1er juin 1871...	1f 80 le kog	1f 40 le kog	3f »» le kog	8f 35 p. p.
1er juin 1875...	1f 85 le kog	1f 25 le kog	2f 95 le kog	7f 25 p. p.

La différence de terme, trois mois en 1871 au lieu de six, et les frais d'emballage (à la charge du fabricant en 1875 et non en 1871) équivalent à 0 fr. 25, soit 8 fr. 60 (prix de 1871).

Vous concluerez, en réfléchissant à ces chiffres, ou *que nous nous ruinons*, ou que vous achetez des qualités *inférieures aux anciennes*. Il est un fait certain et que nous ne pouvons vous laisser ignorer, c'est que, à moins de faire des pertes énormes, il est matériellement impossible de vous livrer à votre prix de 7 fr. 25 des 1 kilog. 400 *pur coton, sans aucun mélange, sans apprêt, pur indigo et bonne nuance.*

Nous croyons qu'il est de notre devoir de vous faire cet aveu, et que vous nous en saurez gré, car ayant été fabricants de tissus depuis de longues années, nous pouvons prouver la justesse de ce que nous vous soumettons.

Recevez, etc.

Signé : James F. HUTTON & Cie.

N° 4

Manchester, 28 juin 1875.

Messieurs Chaumel-Durin & Cie,
Bordeaux.

Nous vous remercions bien sincèrement, chers Messieurs, de l'intérêt que vous nous portez, et dont votre estimée lettre du 26 courant nous donne une nouvelle preuve. Cette lettre s'est croisée avec la nôtre du 25 courant, dans laquelle nous vous disons le plus clairement possible le fond de notre pensée. A l'appui de ce que nous vous avons écrit, nous préparons quelques balles guinées pur coton, et dès qu'elles seront prêtes, nous vous en renverrons une pièce afin que vous puissiez bien vous rendre compte de ce que nous avons avancé. Nous avons cherché par tous les moyens possibles à éclairer les acheteurs de guinées et à leur faire comprendre que s'ils veulent *de la marchandise honnête,* il faut qu'ils offrent un prix qui permette au fabricant de rentrer dans ses débours. On peut produire de la guinée 1 kil. 400 à 7.25, *mais il faut y ajouter un certain apprêt pour lui donner le poids, ou bien il faut livrer de la marchandise humide.*

Si certaines maisons consentent à fournir de telles qualités et garantir pur coton, nous ne pouvons ni les suivre ni les imiter. Nous ne consentirons jamais à livrer un article qui n'est pas pur coton et à le garantir comme tel, de même que nous ne pouvons fournir des teintures remontées et les garantir pur indigo.

Nous allons continuer de produire nos teintures pur indigo, et puisqu'il faut faire du remonté, nous en ferons aussi, mais nous le livrerons comme tel et non comme pur indigo.

Nous vous remercions de nouveau de votre amicale du 26, et vous présentons, chers Messieurs, nos salutations amicales.

Signé : James F. HUTTON & Cie.

N° 5

Manchester, le 13 juin 1876.

Messieurs Maurel et H. Prom, Devès et G. Chaumet, Marc-Merle neveu et Robert, Buhan père fils et A. Tesseire, Chaumel-Durin et Cie Rabaud et Jay, F. Merle, Debotas-Daval et Cie.

Bordeaux.

Messieurs,

Nous avons l'honneur de vous accuser réception de votre estimée lettre du 22 mai dernier et nous vous prions d'excuser le retard que nous avons mis à vous répondre et qui n'a d'autre cause que l'absence de notre sieur Hutton.

Cette lettre nous propose de renouveler, pour une année, à dater du 17 juillet prochain l'engagement pris de part et d'autre de n'acheter ni de vendre de guinées inférieures aux types déposés et acceptés, c'est-à-dire ayant 84/85 cent. de largeur, 15 mètres de longueur et pesant 1,400 kilog., mais elle réduit la limite de prix de 7 fr. à 6 fr. 75 escompte 3 p. 100 traite à six mois.

Quoique nous regrettions cette réduction, nous ne pouvons qu'approuver le but que vous vous proposez d'atteindre par cette convention et nous en acceptons les termes sans hésitation et sans réserve.

Nous devons pourtant vous faire observer que nous craignons que cette réduction de limite, ne cause *une réduction dans les qualités* de ces guinées qui auraient plutôt *besoin d'être améliorées,* d'autant plus que la réduction que vous faites équivaut à 50 cent. par coupe sur le prix adopté par votre lettre du 17 juillet 1875 qui recommandait le maintien du prix de 7 fr. 25, ce qui est en excès de la baisse obtenue depuis lors sur les tissus écrus et pour ceux qui veulent livrer *des guinées bonnes qualités et honnêtes à tous égards* conformes aux conditions de votre lettre collective du 15 juin 1875, cette réduction est désastreuse.

Malgré cela, et suivant vos désirs, nous nous joignons à vous de nouveau pour maintenir la situation et nous espérons que vous en retirerez les avantages désirés.

Recevez, Messieurs, nos salutions empressées.

Signé : James F. Hutton et Cie.

N° 6

Manchester 4 Juillet 1876.

Messieurs : Maurel et Prom, Devès et G. Chaumet, Marc Merle neveu et Robert, Buhan père fils et Teisseire, Chaumel-Durin et Cie, Rabaud et Jay, F. Merle, Debotas Daval et Cie

Bordeaux.

Messieurs,

Nous sommes en possession de votre lettre collective du 1er c urant nous avisant de votre détermination d'abandonner les prix fixés par la convention du 23 mai 1875 et de substituer celle-ci par une convention de poids et de dimension.

Nous n'hésitons pas à vous y répondre de suite en acceptant cette convention telle qu'elle est relatée dans votre lettre de 1er courant.

Nous espérons que ce nouvel arrangement sera dans l'intérêt des deux parties, et vous présentons, Messieurs, nos salutations empressées.

Signé : James F. Hutton & C°.

N° 7

Manchester, 3 Juillet 1876.

Messieurs : Maurel et H. Prom, Debotas Daval et C°., F. Merle, Marc Merle neveu et Robert, Buhan père fils et Tesseire, H. Rabaud et Jay, Devès et Chaumet, Chaumel-Durin et C°.
Bordeaux.

Messieurs,

Nous possédons votre honorée du 1er courant, nous signifiant la convention que vous avez faite entre vous de ne pas acheter des guinées pesant moins de 1 kil. 400 la pièce de 15 mètres de longeur et de 82,85 de largeur.

Selon vos vœux nous refuserons tout ordre qui nous sera offert en dehors de ces conditions par des maisons Sénégalaises jusqu'au mois de Juillet 1877.

Agréez, Messieurs, nos salutations distinguées,

Signé : Seligman & Haarbleicher.

N° 8

Manchester, le 11 juillet 1876.

Messieurs Maurel et H. Prom, Debotas Daval et Cie, Marc Merle neuve et Robert, F. Merle, H. Rabaud et Jay, Buhan père fils et Teisseire, Devès et G. Chaumet, Chaumel-Durin et Cie.
Bordeaux.

Messieurs,

Nous avons dûment été favorisés par la lettre que vous nous avez fait l'honneur de nous adresser en date du 1er courant et nous vous prions d'excuser notre réponse un peu retardée. Quelques renseigne-ment que nous avions demandés à notre représentant ayant été la seule cause de ce retard involontaire.

Le contenu de votre honorée lettre a eu toute notre attention et dans l'intérêt du commerce du Sénégal, nous ne pouvons qu'applaudir à la dernière décision que vous avez prise et à l'engagement fait pendant une année à partir du 17 juillet courant de ne pas acheter des guinées pesant moins de 1 k. 400 la pièce de 15 mètres de longueur et 84/85 c/m. de largeur.

Aussi venons-nous de grand cœur de notre côté accepter l'engagement que vous nous demandez, de refuser dans la durée de ces douze mois tout ordre qui nous serait offert en dehors de ces conditions par des maisons sénégalaises non signataires de votre lettre.

Nous nous permettons seulement d'y ajouter les deux réserves suivantes.

1° De maintenir notre type Z B E, qui tout en étant supérieur, et plus cher que les guinés ordinaires de 1 k. 400 n'atteint pas tout a fait ce poids.

2° La condition que vous, Messieurs, en considération de la présente lettre, n'acheterez point à d'autres maisons qui n'auraient pas également ment souscrit à cet engagement.

Veuillez agréer, Messieurs, l'assurance de notre considération distinguée.

Signé : JOHN SILTZER & Cie

N° 9

Bordeaux, 17 juillet 1876.

Messieurs James F. Hutton et Cie, J. Siltzer et Cie, Seligmann et Haarbleicher, A. Boissaye et Cie.

Manchester.

Nous avons eu l'honneur de vous exposer le 15 juin dernier que le dépôt d'un type déterminé auquel vous avez bien voulu consentir ne paraissait pas de nature à atteindre le but que nous nous proposions : *d'éviter l'introduction sur le marché du Sénégal, de guinées de trop basse qualité.*

L'accueil que vous avez fait à cette idée et les diverses explications que vous avez bien voulu nous donner, nous ont décidés à l'adopter. Nous reconnaissons l'impossibilité absolue de surveiller en commun la loyauté du tissu et de la teinture des guinées livrées et leur conformité au type convenu ; ce soin doit être laissé à chaque acheteur.

Quelques affaires ayant déjà été faites à 7 fr., nous n'avons pas cru pouvoir fixer une limite supérieure à ce prix ; mais nous espérons qu'il demeurera une exception et que la qualité des types, actuellement vendus 7 fr. 25, ne sera pas abaissée ; fabricants et acheteurs y seront tous également intéressés.

Aussi, nous comptons que vous voudrez bien souscrire à la convention qui vient d'être renouvelée entre nous pour un an, à partir de ce jour, de n'acheter aucune guinée ayant moins de 15 mètres de longueur, de 85 cent. de largeur, pesant moins de 1 kilog. 400 et coûtant moins de 7 fr. la pièce, escompte 3 p. 100 et six mois ou l'équivalent en prenant l'engagement de refuser tout ordre qui s'écarterait de ces conditions.

Agréez, etc.

Signé : MAUREL & H. PROM.
MARC-MERLE neveu & ROBERT.
CHAUMEL-DURIN & Cie.
DEBOTAS-DAVAL & Cie.
F. MERLE.
BUHAN père fils & TEISSEIRE.
H. RABAUD & JAY.
DEVÈS & G. CHAUMET.

N° 10

Bordeaux, le   1876.

*Messieurs Seligmann et Haurbleicher, James F. Hutton et Cie,
J. Siltzer et Cie, Hardy Nathan et Sons.
Manchester.*

Par lettre du 17 juillet dernier, nous vous informions de la convention faite entre nous de n'acheter pour le Sénégal, aucune pièce de guinée ayant moins de 15 mètres de longueur 85 cent. de largeur, pesant moins de 1 kilog. 400 et coûtant moins de 7 fr. la pièce, escompte 3 p. 100 et six mois ou l'équivalent.

Notre but était d'éviter l'abaissement graduel de la qualité des guinées, que tendait à amener une concurrence sans limites entre les fabricants et surtout entre les acheteurs. Nos intérêts étant identiques, vous avez bien voulu nous assurer votre concours en prenant l'engagement de refuser tout ordre qui s'écarterait de ces conditions.

L'expérience de l'année qui vient de s'écouler, nous a permis de reconnaître les bons effets de ces engagements.

Aussi n'avons-nous pas hésité à les renouveler pour une année à partir du 17 juillet prochain.

Plusieurs d'entre vous nous ayant fait savoir qu'ils entrevoient la possibilité de produire au-dessous de 7 fr. une guinée de qualité au moins égale aux types actuels, remplissant d'ailleurs les conditions rappelées ci-dessus, nous avons cru devoir abaisser la limite de prix minimum à 6 fr. 75.

Mais il est entendu qu'il ne sera fait aucune livraison de guinée au-dessous de 7 fr. avant l'expiration de la présente convention c'est-à-dire avant le 17 juillet prochain.

Nous espérons, Messieurs, que vous voudrez bien vous joindre à nous de nouveau pour maintenir une situation, dont vous avez dû, comme nous, apprécier les avantages.

Agréez, etc.

Signé : MAUREL & H. PROM.

MARC MERLE neveu & ROBERT.

CHAUMEL DURIN & Cie.

DEBOTAS DAVAL & Cie.

F. MERLE.

BUHAN père fils et TEISSEIRE.

H. RABAUD & JAY.

DEVÈS & G. CHAUMET.

N° 11

Bordeaux, le 29 novembre 1876.

Messieurs James F. Hutton et Cie, John Siltzer et Cie, Seligmann et Haarbleicher, Hardy, Nathan et Sons.
Manchester.

Messieurs,

Les affaires de guinée qui se sont traités depuis plusieurs mois aux prix de 6 fr. 20 et les propositions, qui malgré la hausse des cotons et indigos nous sont faites aujourd'hui à 6 fr. dans les conditions de poids, largeur et métrage déterminées par notre convention du 1er juillet dernier, *démontrent que le but que nous nous étions proposé : éviter l'introduction sur le marché du Sénégal des toiles anglaises de qualité inférieure, n'a pas été atteint.*

En présence de ces faits et *des perturbations sérieuses que cet abaissement successif et illimité des types que nous tenons à maintenir jette dans nos transactions,* nous venons de prendre la détermination de ne plus acheter, pendant un an à partir de ce jour, aucune guinée pesant moins de 1 kil. 400, ayant moins de 15 mètres et 84 m. 85 cent. et *coûtant moins de 6 fr. 50 la pièce, escompte 3 0/0 6 mois.*

Il va sans dire que ce n'est là qu'un prix *minimum,* c'est-à-dire susceptible d'être élevé si les circonstances l'exigent, mais qui ne saurait être abaissé dans aucun cas et de quelque façon que ce soit.

Le jour où par conséquent, les cours des matières premières ne permettraient plus de livrer les types F E, 141, & BB ou correspondants à la limite indiquée, *nous préférerions en accepter l'élévation plutôt que de laisser abaisser la qualité de ces sortes.*

En portant à votre connaissance la résolution arrêtée entre nous et en vous priant dans votre intérêt, comme dans le notre, de vouloir bien y adhérer, nous avons le devoir d'y ajouter qu'il a été décidé en même temps, que toutes les maisons soussignées s'engageaient à s'abstenir formellement pendant la période fixée de toutes affaires avec celui ou ceux des producteurs de guinées anglaises, qui fournirait à toute personne ayant comme nous des relations avec St-Louis (Sénégal), des toiles ne réunissant pas les conditions stipulés ci-dessus.

Agréez, etc.

Signé : MM. MAUREL & H. PROM.

DEVÈS & CHAUMET.

CHAUMEL-DURIN & Cᵒ.

DEBOTAS DAVAL & Cᵒ.

F. MERLE.

MARC MERLE neveu & ROBERT.

BUHAN père fils & TEISSEIRE.

H. RABAUD & JAY.

Nᵒ 12

Engagements pris à Saint-Louis pour prohiber les guinées inférieures.

Les soussignés s'engagent à ne pas faire acheter en Europe des guinées inférieures en tissu et en teinture et poids aux types nᵒ 141 de MM. James F. Hutton et Cⁱᵉ; FE de MM. J. Siltzer et Cⁱᵉ; et BB de MM. Siligmann et Haarbleicher.

Ils s'engagent aussi à ne pas en introduire dans la colonie soit directement, soit indirectement.

Saint-Louis (Sénégal), le 18 janvier 1877.

On signé : G. DEVÈS et Cⁱᵉ.

P/pᵒⁿ BUHAN & TEISSEIRE *signé :* AGAISSE.

P/pᵒⁿ MAUREL & PROM, *signé :* BEZIAT.

P/pᶜⁿ DEVÈS & G. CHAUMET, *signé :* DELOR.

P/pᵒⁿ RABAUD & JAY, *signé :* Léon DERNEVILLE.

O. TEISSEIRE, DELMAS & LAPORTE, J. BEZIAT,

J. FOURNIER-GORRE, Ch. VALENTIN, PORTES frères,

BLANCHARD, V. GONNET, R. EKMANN,

PEYRISSAC & BERNIS, ALYS, LENORMAND fils,

T. PELLEGRIN, A. BAZELINE.

Plus deux signatures illisibles.

N° 13

*Dire de la population indigène, propriétaires et traitants,
sur la situation actuelle des affaires du fleuve et la gêne
qui en est la conséquence, et vœux formulés par elle.*

Ce jourd'hui, neuf octobre mil huit cent soixante-seize, se sont réunis à la Mairie :

MM. G. Devès maire,
Caminade, père, premier adjoint,
J.-J. Crespin, deuxième adjoint.

pour entendre et constater les vœux qui avaient été formulés par les chefs indigènes lorsqu'ils furent présentés par le Maire à M. le Gouverneur, lors de son arrivée dans la colonie.

Sont également présents :

MM. Dimba Taliba, propriétaire et traitant.
Pierre Guèye, id.
Konko, traitant.
Birama Guèye, capitaine de rivière retraité et traitant.
Mecoumba, traitant.
Abdoulaye-Mar, conseiller municipal et traitant.
Pierre Diaw, traitant.
Moctar Sambapeul, id.
Mambaye-Fara-Biram, id.
Medoune Sar, id.
Gambie, maître maçon et traitant.
Almane Boye, traitant.
Mercure-Maram-Niang, id.
Mamour-Thiam, id.
Pèdre Alassane, id.
Balla Diop, id.
Allétal Blondin, id.

Seck Dior,	traitant.
Marigata,	id.
Khalilou Sall,	id.
N'Diaye Sour,	id.
Amadou Charlotte,	id.
Samane Sène,	id.
Zéphir,	id.
Pierre Guèye neveu,	id.
A. Boulaye Wade,	id.
Alioune N'Diaye,	id.

M. le Maire expose à la réunion, qu'à l'arrivée du Gouverneur, M. Brière de l'Isle, il avait, suivant l'usage, accompagné les chefs indigènes pour lui rendre visite, que Dimba Taliba prit la parole au nom de tous pour exprimer au Gouverneur la gêne dans laquelle se trouvaient toutes les fractions de la population et pour lui rappeler, ce que dans de semblables circonstances, l'autorité supérieure faisait pour éviter toutes les causes de ruine.

Le Gouverneur l'invita à formuler par écrit ce qu'il venait de lui dire et lui promit de s'occuper très-sérieusement des moyens de porter remède à la situation qu'il venait de lui expliquer.

Le 21 juillet, le chef du service de l'Intérieur m'écrivit de la part du Gouverneur pour me demander le développement des vœux exprimés en ma présence par les délégués de la population indigène de la ville, lorsque je les ai présentés au Gouverneur.

A la réception de cette lettre, je me rendis auprès de M. le Gouverneur pour lui expliquer que si les chefs indigènes ne lui avaient pas jusqu'à présent remis par écrit les vœux qu'ils avaient formulés devant lui, *c'est que toutes les personnes les plus intéressées dans la question se trouvent encore dans le fleuve, retenues par leurs opérations commerciales; que fin septembre tous les traitants seraient de retour à Saint-Louis,* et qu'en les réunissant à la Mairie avec les chefs indigènes, on aurait, après que ceux-ci auraient rappelé les vœux qu'ils avaient formulés devant vous, avec les développements que fourniraient les traitants, le résumé exact de l'opinion du pays sur sa situation actuelle; et je pense comme je le lui dis, c'est ce que vous désirez, Monsieur le Gouverneur, fût parfaitement de mon avis, et me dit d'attendre le *retour des traitants* pour donner satisfaction à sa lettre du 21 juillet.

Vous tous présents ici, vous avez été délégués par vos collègues pour exprimer en leur nom et donner leur opinion sur la situation du pays.

Dimba Taliba va vous répéter ce qu'il avait dit à M. le Gouverneur, et ensuite vous prendrez la parole pour nous fournir tous les développements que comporte son vœu et votre opinion sur la situation actuelle.

Dimba Taliba, chef indigène qui avait pris la parole lors de la visite à M. le Gouverneur, s'xprime ainsi :

« Lorsque vous nous avez présentés à M. le Gouverneur, j'ai dit au chef de la colonie :

» Notre pays est bien malade actuellement; *nous, les indigènes, nous n'avons pour toute ressource que le commerce ;* et, lorsque les opérations sont mauvaises, nous ne pouvons satisfaire aux premiers besoins de nos familles. Anciennement, les négociants qui exploitaient le commerce du Sénégal, *nous vendaient la marchandise et s'abstenaient de venir aux escales nous faire la concurrence;* alors, nous pouvions vendre avantageusement la marchandise, leur payer leurs comptes et obtenir un petit bénéfice pour entretenir nos familles. Aujourd'hui, le négociant, *après nous avoir vendu la marchandise,* expédie aux mêmes escales des agents qui réalisent leur cargaison à des prix inférieurs à ceux auxquels nos cargaisons nous avaient été vendues par les mêmes négociants à Saint-Louis.

» Que de cette situation ne pouvait sortir qu'une ruine complète de la population indigène : c'est ce qui est arrivé, et nous vous demandons à porter remède à cette situation. Nous vous prions, Monsieur le Gouverneur, de vous rappeler que, nous les indigènes, nous n'avons pour toute ressource que les opérations du fleuve. »

La séance est suspendue et renvoyée au 12 courant, à quatre heures.

Le 12 courant, à quatre heures, se sont réunis à la Mairie :

DIMBA TALIBA.	MOCTAR SAMBAPEUL.
Pierre GUÈYE.	MEDOUNE SAR.
KONKO.	KHALILOU SALL.
Pierre DIAW.	MECOUMBA.

ABDOULAYE MAR.	AMADOU CHARLOTTE.
MAR DROP.	SAMANE SINE.
MALICK SÈYE TILCOQ.	YORO GUÈYE.
MASSECK DOUTA.	ALDIOUMA GAYE.
ALMANN BOYE.	BLONDIN DROP.
MAMOUR THIAM.	HAMAR GAYE.
PÈDRE ALASSANE.	THIAYE M. BAYE.
BALLA DROP.	DURAND MADIÈYE.
SECK DIOR.	MATAR DIAGME.

Mambaye fara Biram s'est fait excuser pour cause de maladie par l'organe de Pierre Diaw, *Malick Size Tilcoq*. Mar Diop, traitant de l'escale de Podor, dit que les affaires ne sont mauvaises que depuis que les négociants viennent eux-mêmes faire la traite aux escales déterminées en concurrence avec les traitants. Que les négociants s'abstiennent de toutes opérations directes dans le fleuve et la prospérité renaîtra.

Bacre Waly, traitant et conseiller municipal, délégué par ses collègues pour exprimer leur opinion sur la situation actuelle des affaires du fleuve, dit : les causes énumérées déjà par les personnes qui ont pris la parole avant moi, de la ruine des transactions dans le fleuve, sont parfaitement fondées. Il est impossible que, *nous traitants, obligés d'acheter nos cargaisons sur place* pour ne les réaliser qu'aux escales déterminées, nous puissions le faire avec profit, si les négociants qui *nous ont vendu nos cargaisons* ont le droit de venir dans les mêmes localités que nous, vendre les mêmes marchandises à ceux auxquels ils nous les avaient vendues; que la situation actuelle s'est déjà présentée en 1840 et 1841, et, après mûr examen et une enquête faite au ministère, le Gouvernement ne crut mieux devoir trancher la situation que par l'Ordonnance du 7 septembre 1842. Sous le régime de cette ordonnance, le traitant a gagné, le négociant s'est enrichi rapidement et la colonie a été prospère jusqu'au moment de la révolution de 1848.

Les désastres de cette révolution ne nous furent même fatals que pendant l'année 1849, et à partir de ce moment, jusqu'en 1854, la population, si elle a souffert, n'a perdu que par les causes ordinaires des pertes commerciales. A partir de 1854, les principes de l'Ordonnance de 1842 sont à peu près méconnus, la *concurrence du commerçant importateur* que l'on avait toujours voulu éviter aux escales, s'est établi sur de larges bases, et depuis ce moment le traitant a toujours perdu, s'est même complètement ruiné sans profit aucun pour le commerçant importateur qui finira certainement par se ruiner lui-même aux escales, si la concurrence n'est pas réglementée.

Au nom de tous mes collègues présents et de ceux qui nous ont délégués, je dis que pour porter remède à la situation actuelle, il n'y a qu'un moyen, c'est d'appliquer le décret du 5 mai 1849, modifié par le décret du 22 juin 1852, sauf les articles 1 et 2 du décret du 22 janvier 1852 dont nous demandons l'abrogation pour laisser au Gouverneur, conformément à l'article 13 de l'Ordonnance de 1842, le droit de fixer le prix minimum d'échange de la gomme contre Guinée, et *pour assurer aux bailleurs de fonds le privilège qui leur est accordé* par l'article 11 du décret du 5 mai 1849.

Je demande aussi, au nom de mes collègues présents et délégués, que l'autorité supérieure nous prête son concours pour recouvrer les créances qui nous sont dues antérieurement. Nous devons d'importantes sommes *à nos bailleurs de fonds*, et si nous ne pouvons pas recouvrer ce qui nous est dû aux escales, il nous est difficile de satisfaire à nos engagements. Les princes Maures se chargent bien de nos recouvrements, mais les commissions qu'ils réclament absorbent plus du tiers de la créance, et si je fais cette observation, c'est pour que vous connaissiez que les princes Maures ne s'opposent pas au recouvrement de nos créances sur leurs sujets. Aussi nous espérons que l'autorité supérieure appuiera le bon vouloir des princes Maures.

Les différentes qualités de guinées de production étrangère introduites dans la colonie sont une cause de concurrence fatale à tous les intérêts. La pièce de guinée est l'unité nominative du désert : une pièce de guinée est une pièce de guinée pour l'indigène qui ne reconnaît pour type de ses transactions que la guinée de l'Inde de 1 kil. 500, 1 kil. 750, 2 kil. en coupes de 15 mètres. Nous avons cependant dans le commerce des guinées étrangères de 1 kil. 100, 1 kil. 200, 1 kil. 300, 1 kil. 400, 1 kil. 450 en coupes de 15 mètres.

Cette diversité est une cause de perturbation constante, et nous demandons que toutes guinées inférieures au poids de 1 kil. 500 soient frappées d'un droit qui les prohibe complètement de la consommation locale.

Faits et clos, les jour, mois et an que d'autre part.

N° 14

Extrait du Journal du Havre *du 9 Mai 1877.*

On nous communique la note suivante qui contient d'assez curieuses révélations.

CALICOTS ANGLAIS POUR L'EXPORTATION.

« Nous avons cru jusqu'ici que les calicots fabriqués en Angleterre étaient comme les étoffes similaires de notre pays, tissés chaîne et trame en coton.

» La chose est vraie pour les produits destinés à la consommation britannique, mais non pour ceux fabriqués à destination du commerce extérieur ; un journal spécial de Manchester, le *Textil Manufacturier*, s'est chargé de nous désillusionner à cet égard.

» Cette publication reproduit *un rapport, lu à la Société des Arts de Londres,* d'où il résulte que les manufacturiers anglais introduisent dans les calicots vendus au dehors jusqu'à *50 0/0 parfois des matières étrangères.*

» En signalant les procédés employés dans ce but, le rapporteur n'inflige aucun blâme à ceux qui en font usage, bien au contraire.

» La question est uniquement étudiée au point de vue de la surcharge que peuvent supporter les fils, du mode d'application le plus avantageux pour le tisseur et de l'irresponsabilité de ce dernier s'il parvient à donner *un aspect suffisant au canevas décoré du nom de tissu, dans lequel il introduit une pâte de colle, de suif et autres matières.*

» Il se mêle même une pointe d'humour à ces observations particulièrement intéressantes à une époque où l'importation des tissus anglais dans notre pays a pris un accroissement considérable.

» Nos voisins sont gens prudents, ils lavent les cotonnades qu'ils achètent pour leur consommation, mais il n'en est pas de même à l'étranger.

» Les consommateurs des pays d'exportation, est-il dit dans le rapport, confectionnent des vêtements qui ne se lavent pas. Ils préfèrent acquérir à bas prix une étoffe dont l'aspect est flatteur grâce à l'apprêt, que d'avoir, même à aussi bon compte, un article pur.

» Voilà qui est net, et nous saurons à l'avenir, qu'uniquement pour satisfaire aux exigences d'une consommation toute superficielle, la fabrique anglaise substitue dans nombre de cas, la pâte à laquelle il est fait allusion plus haut, à une notable partie d'éléments fondamentaux des produits textiles. »

N° 15

MINISTÈRE DE LA MARINE
ET DES COLONIES
—
N° 103
DIRECTION DES COLONIES
1er Bureau

ANALYSE
RÉGIME COLONIAL DES COLONIES
DEMANDE D'ENQUÈTE

Paris, le 6 avril 1875.

MONSIEUR LE GOUVERNEUR,

Dans une discussion récente sur le régime colonial des colonies des Antilles et de La Réunion, la Sous-Commission du Conseil supérieur du commerce s'est préoccupée de la situation du Sénégal, et a manifesté le désir qu'on revînt à l'Etat des choses antérieures au décret du 24 décembre 1864. Mon département n'a pu se refuser à l'examen de la question, mais il importe que cette étude ait lieu en connaissance de cause et que les intérêts de nos colonies soient pris en considération comme ceux de la Métropole.

Les modifications demandées au régime colonial du Sénégal entraînent naturellement le même travail pour celui de la Guyane.

. La question qui se pose aujourd'hui pour les deux colonies, est donc la suivante :

Ces colonies désirent-elles maintenir leur situation actuelle ou bien consentiraient-elles aux changemeuts réclamés par l'industrie Manufacturière ?

Il serait nécessaire qu'une réponse motivée soit faite à cet égard; de plus on devra répondre au questionnaire ci-joint, et présenter en outre toutes les considérations qui seront utiles à la cause qu'il s'agit de défendre.

Vous aurez soin de faire délibérer sur les questions les Chambres de commerce et d'agriculture, s'il est utile d'entendre les dépositions des particuliers vous pouvez confier ce soin, soit à la Chambre de commerce, soit à une Commission spéciale, composée des notabilités de la colonie.

Avec le résultat de l'enquête, vous m'adresserez un rapport détaillé sur la situation, dans lequel vous ferez connaître s'il y a lieu de maintenir le *statu quo*, ou s'il vous paraît opportun d'introduire des changements au régime actuellement en vigueur.

Je vous adresse ci-joint, à titre de renseignement, des exemplaires :

1° Du rapport qui m'a été adressé par M. Ozenne au ministère de l'Agriculture et du Commerce ;

2° Du rapport qui m'a été adressé en réponse au précédent, par M. le Directeur des colonies.

Je désire que l'enquête soit terminée de manière que toutes les pièces y relatives me parviennent dans le cours du mois de juin au plus tard. A cette époque, le Conseil supérieur sera convoqué pour s'occuper de la question. Je tiendrais à posséder à ce moment tous les éléments qui me permettront de présenter la défense des intérêts coloniaux.

Signé : MONTAIGNAC.

Questionnaire annexé à la dépêche du 6 avril 1875. — N^c 108.

Questionnaire adressé aux colonies de la Guyane et du Sénégal à l'occasion de l'enquête sur le régime colonial :

1° Indiquer les résultats du décret du 24 décembre 1864, au point de vue du développement commercial de la colonie;

2° A — Établir un tableau des importations françaises :

1° de 1854 à 1864 inclus;

2° de 1865 à 1875 inclus.

B—Établir un tableau des importations étrangères pendant la
même période.

C   —   un tableau des importations des produits de la colonie pour la France, pendant la même période.

E   —   un tableau des importations des tissus français (coton,
lin, laine, soie), pendant la même période.

F   —   un tableau des importations des tissus étrangers par
nature de marchandises et pendant la même pé-
riode.

SÉNÉGAL G   —   un tableau des importations de guinée pendant la
même période et dans la forme ci-après :

| ANNÉES | GUINÉES PROVENANT DE FABRICATION | | | | |
	INDE FRANÇAISE	FRANÇAISE	ANGLAISE	SUISSE	BELGE

SÉNÉGAL 3° Quelles sont les causes de la décroissance dans l'importation
des guinées de l'Inde et de l'extension du commerce des
guinées étrangères ?

—   4° Quelles sont les causes du remplacement des guinées par
l'argent comme monnaie de traite et quels effets ont-elles
produit ?

-    5° Par quel moyen pourrait-on rétablir l'emploi des guinées
comme monnaie de traite ?

—   6° Indiquer les tarifs des douanes sur les marchandises et notamment sur les guinées et les tissus de coton, de lin, de
laine et de soie de 1854 à 1875 ;

—   7° Indiquer les recettes annuelles de douane perçues sur les
marchandises :

de 1854 à 1864.
de 1865 à 1874 inclus.

—   8° Indiquer les recettes annuelles des douanes perçues sur
chaque nature de tissus et sur les guinées par nature de
provenance pendant les périodes ci-dessus ;

SÉNÉGAL 9° Indiquer les chiffres des recettes du budget local pendant les mêmes périodes et distinguant les catégories les plus importantes de la contribution indirecte (droits de douane), de consommation (droits de sortie) et en donnant par année le chiffre de la subvention métropolitaine ;

— 10° Quelles sont les causes de l'augmentation ou des diminutions des recettes locales comparées avec les différents modes de fixation survenues dans les rapports commerciaux ou financiers de la colonie avec la métropole?

— 11° Quelle a été l'influence du régime du décret de 1864 sur la marine marchande?

GUYANE 12° Quels ont été pour l'agriculture les résultats de l'émigration indienne?

Pour copie conforme :

Le chef du service de l'intérieur,

Signé : SÉRAPUT.

N° 16

QUESTIONNAIRE

Quelles sont les causes, de la décroissance dans l'importation des guinées de l'Inde et de l'extension du commerce des guinées étrangères?

Quelles sont les causes du remplacement des guinées par l'argent comme monnaie de traite, et quels effets ont-elles produits?

Par quel moyen pourrait-on rétablir l'emploi des guinées comme monnaie de traite?

Quelle a été l'influence du régime du décret de 1864 sur la marine marchande?

RÉPONSE FAITE A SAINT-LOUIS

L'Inde ne pouvant fournir que des guinées de 2 kilog. et 1 kilog. 750, l'industrie étrangère nous ayant livré jusqu'à 1 kilog. 100 à la coupe de 15 mètres a pu naturellement donner à des conditions de prix qui ont rendu impossible ou à peu près nulle la vente des guinées de l'Inde.

Nous constatons que pour le commerce Sénégalais, il n'y a eu que désavantages dans l'introduction sur notre marché de ces guinées de poids inférieur à 1 kilog. 750.

En effet, les guinées de 1 kilog. 100 faisant concurrence aux guinées de 1 kilog. 200, ont obligé les détenteurs à toujours vendre presque au pair pour modifier leur approvisionnement, de telle sorte que l'industrie étrangère a exploité la folle concurrence qui nous animait et nous a toujours forcés après un premier achat a en faire immédiatement un second pour pouvoir écouler le premier.

Nous demandons alors, dans l'intérêt de notre commerce et pour favoriser l'industrie française de l'Inde, à ce qu'il soit établi un droit de 20 cent. par mètre sur toutes guinées de provenance étrangère n'atteignant pas le poids de 1 kilog. 750 par coupe de 15 mètres. Ce droit serait exceptionnel et tout à fait indépendant du droit ordinaire de 5 p. 100 sur toutes les marchandises introduites dans la colonie et du droit proportionnel qui devra frapper les marchandises étrangères venant sur notre marché en concurrence avec les produits de l'industrie métropolitaine.

C'est en acceptant les modifications indiquées que la guinée de l'Inde de 1 kilog. 750 et 2 kilog. *deviendra, comme par le passé, la monnaie courante* dans toutes nos transactions du fleuve, mais le gouvernement alors devra renoncer à payer les laptots ou soldats dans le fleuve en numéraire et revenir au système pratiqué dès la fondation du Sénégal jusqu'en 1864.

Nous constatons encore que dans l'intérêt de laptots et des militaires dans le fleuve, il vaut mieux que le Gouvernement le paie en tabac ou en guinées qu'il achètera à Saint-Louis par des marchés à des conditions favorables, que de leur donner du numéraire qu'ils sont obligés de vendre contre tabac et guinée, sans lesquels il leur est impossible d'acheter ce dont ils ont besoin.

La *pièce de guinée est toujours dans le fleuve la monnaie acceptée dans les transactions avec les indigènes.*

L'introduction des guinées de 1 kil. 400 par coupe de 15 mètres a mis un peu de trouble dans l'acceptation des types nouveaux, mais la même valeur de produits indigènes étant payée un peu plus cher que précédemment avec les types de l'Inde, la bonification acceptée de part et d'autre a remis l'harmonie dans les transactions.

C'est pour nous éviter tous les inconvénients créés par la guinée de 1 kil. 100, inconvénients qui ne nous ont donné que des pertes que nous demandons un type pour nos transactions dans le fleuve, soit la guinée de l'Inde de 1 kil. 750 à 2 kil.

Les populations des deux rives du Sénégal ne peuvent s'approvisionner qu'à Saint-Louis ou dans les comptoirs établis par les maisons de commerce dans le fleuve. Aucune nation ne pouvant nous faire concurrence sur les marchés de l'intérieur, nous ne voyons aucun inconvénient, et nous demandons même à ce qu'il soit établi un droit différentiel sur tous les produits de l'industrie étrangère introduits à Saint-Louis. Ce droit ne doit pas être supérieur à celui établi en France sur tous les mêmes articles.

Nous n'acceptons ce droit différentiel et le droit exceptionnel sur les guinées étrangères et inférieures en poids à 1 kil 750, qu'à la condition que les fonds en provenant seront spécialement affectés à l'établissement d'un warft devant Guet-N'dar pour débarquer et charger les navires venant à Saint-Louis, et pour l'érection d'un phare de premier ordre à Saint-Louis.

Si l'autorité n'accueillait pas favorablement la condition que nous mettons aux modifications du tarif que nous demandons, nous n'en persistons pas moins à solliciter ces modifications pour venir en aide à l'industrie métropolitaine.

Nous voulons le maintien du régime introduit par décret du 24 décembre 1864, et nous n'en demandons qu'une modification du tarif douanier.

Les documents de douanes attestent suffisamment le développement que la colonie a pris depuis ce régime, et si le commerce n'a pas été heureux, la colonie elle-même a gagné, car les constructions sont devenues plus nombreuses, et tout autour de nous ont été défrichées des terres incultes depuis longtemps. La gomme n'a pas augmenté, c'est dans sa nature; mais l'arachide qui se cultive, a partout doublé dans sa production, et nous devons à la liberté l'activité qui s'est propagée partout.

Sans le décret de 1864, il nous eût été impossible de lutter sur le marché de Marseille avec les arachides provenant des colonies anglaises. D'abord nous n'aurions pas toujours trouvé des navires français pour nous enlever nos arachides, et les aurions-nous toujours trouvés, s'il nous avait fallu n'employer que des navires de notre pavillon, que nous aurions dû payer en moyenne 35 fr. par tonneau, de plus, que les commerçants de la colonie anglaise qui réalisent comme nous leurs graines oléagineuses sur le marché de Marseille.

Sans le décret de 1854 donc, la culture de l'arachide ne se serait pas développée au Sénégal, et la colonie serait toujours restée ce qu'elle a toujours été depuis sa fondation, une escale de gomme.

Ont signé :

P/p^on BUHAN père et fils et TEISSEIRE, *signé :* KELLER.
P/p^on O. TEISSEIRE, *signé :* DESCEMET.
P/p^on DELMAS et LAPORTE, *signé :* CLASTRE.
P/p^on RABAUD et JAY, *signé :* D'ERNEVILLE.
P/p^on BLANCHARD, *signé :* AUMONT.
P/p^on MAUREL et H. PROM, *signé :* BÉZIAT.
P/p^on DEVES et CHAUMET, *signé :* DELOR.
Marc MERLE neveu et ROBERT.
G. DEVÈS et C°.
P. DOMECQ.
GRANGE et fils.
GANDIE frères.
PEYRISSAC et BERNIS.
B. BORDES.
MIKAS.

N° 17

Extrait du numéro du 11 avril 1879 au NOUVELLISTE *de Rouen.*

PONDICHÉRY — LES GUINÉES

« Il y a deux ans, un décret a protégé les produits de Pondichéry, appelés guinées. On appelle guinées, les tissus de coton teints en pur indigo, *servant de monnaie à la Côte d'Afrique,* pour les échanges avec les indigènes qui apportent dans nos comptoirs les gommes, les arachides, la poudre d'or, l'ivoire, etc., etc. Notre colonie qui dépérissait par suite de la concurrence des guinées de la Belgique et de l'Angleterre, sur le marché du Sénégal, a, grâce à ce décret, recouvré en partie sa prospérité.

» *Plusieurs industriels de notre région normande, fabricants de cardes et de métiers à tisser, constructeurs de machines à vapeur, ont immédiatement reçu des commandes importantes des filateurs et tisseurs de Pondichéry. La protection accordée aux produits de cette colonie a réagi tout aussitôt sur l'industrie de la métropole.*

» La guinée de Pondichéry qui réunit toutes les conditions *de moralité* pour les échanges, comme poids et comme teinture a pu, grâce à cette protection, reprendre son ancien rang dans le commerce avec l'Afrique.

» Quant aux fabricants étrangers, frappés d'un droit de 8 cent. par mètre, ils ont abandonné la fabrication de ces guinées supérieures et ont continué l'envoi des guinées inférieures contre lesquelles l'industrie française, qui n'a aucune protection, ne saurait lutter. Il est question aujourd'hui de rapporter ce décret relatif à Pondichéry et de livrer de nouveau le marché africain à la concurrence étrangère.

» Rouen faisait autrefois un chiffre important en guinée, mais la grande consommation du Sénégal et des autres points de la Côte d'Afrique, s'adressant aux poids légers pour lesquels aucune protection ne nous est accordée, l'exportation de ce produit fabriqué est devenue nulle tandis que les fabricants étrangers en expédient pour plusieurs millions de francs.

» En résumé, ce que nous devons demander c'est : 1° le maintien de protection accordée à une de nos colonies qui, sous ce nouveau régime a recouvré sa splendeur; 2° l'extension de cette protection à toutes les guinées françaises, sans distinction de poids et sans être soumis aux formalités de douane qui sont presque toujours une entrave au commerce.

» Ce serait pour notre place un débouché fort important. Nos industriels ne doivent pas s'adresser seulement à la consommation intérieure qui, malheureusement, depuis quelque temps leur fait défaut. Il est de leur intérêt de demander au gouvernement de ne pas leur fermer les marchés de nos propres colonies.

» Lorsqu'il s'agit de la Martinique, de la Guadeloupe, de La Réunion, nos réclamations se heurtent contre ce que l'on a appelé la question des sucres; mais les produits du Sénégal et de la Côte d'Afrique se vendent principalement en France. La grande importation d'arachides a lieu à Marseille, à Bordeaux, à Rouen, et les partisans de la liberté commerciale aux colonies ne pourront, dans cette occasion, nous opposer les mêmes arguments que pour les autres colonies.

» Il ne s'agit pas de renouvellement de traité, de tarif général. Les décrets et sénatus-consultes ont été promulgués en dehors de tout traité; le Gouvernement a le droit d'agir sans consulter les puissances étrangères. Il peut, s'il veut, venir en aide à notre malheureuse industrie, lui rendre dans tous les cas la protection sur nos marchés coloniaux et lui ouvrir ainsi des débouchés importants. »

NOTE

POUR LA COMMISSION SUPÉRIEURE DU SÉNÉGAL

Le décret du 19 juillet 1877 n'a pas inauguré une législation qui tende à modifier le régime douanier général de nos colonies, il a simplement appliqué au Sénégal des dispositions qui ont paru nécessaires, indispensables même, pour rendre aux transactions commerciales qui se font au moyen des échanges, les garanties de régularité qu'elles avaient perdues.

Ce serait donc une erreur de croire que la demande du maintien de cette législation spéciale au Sénégal, est fondée sur le rétablissement d'un système économique opposé à celui qui a été adopté pour nos grandes colonies.

Il ne s'agit point d'une réforme semblable, et la question qui se pose aujourd'hui, pour être bien comprise, doit nécessairement être ramenée aux proportions particulières qu'elle comporte sans franchir ces limites. Placée sur ce terrain spécial, elle apparaîtra sous son véritable jour, et elle ne pourra pas être considérée comme une entreprise dirigée contre un régime que nos grandes colonies désirent avec raison conserver.

Tous ceux qui connaissent le commerce qui se fait dans le fleuve du Sénégal savent que les conditions particulières de ces affaires ont de tout temps nécessité une réglementation dérogeant à celles en usage partout ailleurs.

On trouvera dans l'exposé de la situation déplorable du commerce sénégalais, fait le 2 juin 1876, à M. le Gouverneur de la colonie, par les négociants bordelais, la constatation du régime spécial qui vient d'être signalé.

On remarquera surtout que les signataires de ce document n'hésitaient pas à déclarer que pour réparer le mal, il ne fallait pas « *sous*

» *prétexte d'orthodoxie économique assister impassible à la décadence*
» *et à la ruine d'un pays...* » En outre que ce document continue en
ces termes énergiques et significatifs : « Repoussant donc la détestable
» maxime, périssent nos colonies plutôt qu'un principe, vous écarterez
» comme dangereuse dans l'espèce la théorie fatale parfois, — la ma-
» rine marchande l'éprouve cruellement en France, — *du laissez-*
» *faire, laissez-passer.* »

Ces citations étaient nécessaires pour bien faire comprendre
comment ceux qui protestent aujourd'hui contre le décret du 19 juillet 1877, au nom des principes économiques ont su, dans une circons-
tance récente, apprécier la nature spéciale et les besoins du commerce
sénégalais et proclamer que pour restaurer sa prospérité, il ne fallait
pas s'arrêter sous le prétexte d'*orthodoxie économique.*

Les signataires de la pétition qui demandent au Sénat le maintien
du décret du 19 juillet 1877, se placent donc sous la protection des
déclarations faites par leurs adversaires et repoussent ainsi victorieusement le principal de leurs arguments.

On dit qu'il n'existe pas d'intérêt purement sénégalais dans la
question soumise à la Commission supérieure des colonies, et on prétend que l'intérêt bordelais est seul en cause.

La Commission verra dans la pétition qui lui est communiquée
ce qu'il faut penser de la valeur au point de vue du nombre des réclamations bordelaises; il est cependant nécessaire de démontrer que
l'intérêt sénégalais existe réellement, qu'il a pu manifester son opinion, et expliquer comment il peut être en désaccord avec les bordelais.

L'intérêt sénégalais est représenté par les traitants qui font presque
exclusivement le commerce du fleuve, ainsi que cela est rapporté dans
la pétition. Cette partie importante de la population coloniale a été
appelée à formuler ses vœux, car elle constitue le commerce sénégalais dans ce qu'il a de plus intime, les traitants faisant à peu près seuls
et en majeure partie pour leur propre compte, les affaires de troque
dans le fleuve pendant toute la saison commerciale, c'est-à-dire de
novembre à août de chaque année.

L'opinion de ces commerçants ne pouvait donc pas être négligée,
et ils l'ont manifestée librement.

Il importe maintenant de démontrer qu'ils peuvent être en opposition d'intérêt avec les bordelais, et que ces derniers n'ont pas raison

de dire qu'ils représentent à eux seuls l'ensemble du commerce colonial.

Ainsi que cela est expliqué dans la pétition, le négociant importateur qui a généralement à Bordeaux son établissement principal et une succursale à Saint-Louis, est le fournisseur pour les traitants de toutes les marchandises d'importation nécessaires au commerce de troque. Il s'établit donc entre ce négociant et le traitant des rapports de vendeur et d'acheteur.

A ce premier point de vue, il est déjà facile de comprendre qu'il y a une opposition naturelle d'intérêt entre le négociant et le traitant.

Mais ce n'est pas la seule, le traitant qui n'a pas payé en espèces les marchandises qui lui sont fournies par le négociant importateur, doit en fin de traite lui livrer en paiement des produits provenant des échanges. A ce moment la position respective de chacun change totalement, car le traitant devient vendeur, le négociant importateur, acheteur. Cette nouvelle situation crée une seconde opposition d'intérêt.

Il en existe encore d'autres qui ne permettent pas aux négociants de se substituer avec raison aux traitants pour les représenter, et la principale, c'est que le négociant est quelquefois le concurrent le plus direct du traitant pour les affaires du fleuve.

Il arrive en effet que le négociant importateur qui a fourni des marchandises au traitant à un prix élevé, profite de la faculté que lui donne la réglementation actuelle du commerce du fleuve, pour faire lui-même pendant la traite, au moment qui lui paraît le plus favorable, une opération aux escales. Il va concurrencer ainsi directement son débiteur et écouler le plus souvent les marchandises à un prix inférieur à celui auquel il les lui a vendues.

Cette concurrence contre laquelle les traitants protestent énergiquement parce qu'elle les ruine et les maintient constamment débiteurs des négociants importateurs, est une des causes les plus puissantes de la divergence d'intérêts qui existe entre les deux catégories de commerçants.

La conséquence des situations qui viennent d'être indiquées est facile à saisir.

Comme vendeur de marchandises d'importation, le négociant a un intérêt certain, évident, à placer au prix le plus élevé les tissus qui lui auront coûté le meilleur marché possible. Le traitant est mu par un intérêt contraire, il *se préoccupe en outre de satisfaire aux véritables besoins de la consommation* qui n'intéressent pas les négociants importateurs au même degré.

Comme acheteur des produits du traitant, le négociant importateur a intérêt à les lui payer au plus bas prix; par contre, le traitant résiste naturellement à cette tendance dans la mesure de son indépendance.

Comme concurrent du traitant aux escales, le négociant importateur a intérêt à offrir les marchandises aux maures aux prix les plus réduits et par conséquent celles qui sont de qualité la plus inférieure. On comprendra que pour obtenir les conditions d'échange les plus avantageuses, le négociant ait été entraîné à favoriser l'introduction des guinées imitation, de poids et de dimensions variables, et à porter ainsi un nouvel élément de trouble dans les transactions.

Enfin comme bailleur de fonds, le négociant importateur a intérêt pour s'assurer le concours nécessaire du traitant, à le tenir sous sa dépendance tant qu'il est son débiteur, ce qui est malheureusement trop fréquent. Cette situation d'infériorité a eu, il faut l'avouer, pour conséquence de rendre les traitants moins scrupuleux que s'ils avaient réalisé des bénéfices.

On voit par tout ce qui précède que l'intérêt des traitants qui ne peuvent avoir aucune relation directe avec l'Europe pour faire venir les marchandises, est complètement distinct et différent de celui des négociants importateurs, c'est-à-dire des bordelais.

Quoi de plus significatif, d'ailleurs, que cette prétention des Bordelais de réduire les traitants au rôle de simples commis ? Ce n'est, en effet, qu'en supprimant le traitant commerçant qu'il est possible de faire disparaître l'intérêt sénégalais.

Or, cette prétention n'est pas fondée ; il est même permis d'ajouter qu'elle n'est pas juste, qu'elle est oppressive et dangereuse.

On comprendra donc aisément qu'entre ceux qui tendent à remplacer les traitants et cette catégorie de commerçants, il y ait une opposition d'intérêt certaine, évidente.

On reproche au décret du 19 juillet 1877 d'intervenir pour régler une question que l'initiative privée a pu régulariser.

Il est vrai, qu'à une époque concomitante au décret, les négociants sénégalais ont pris entre eux des arrangements pour prohiber l'importation des basses guinées, causes de tant de troubles ; mais il est bon d'observer qu'il a fallu le concours des fabricants, pour rendre cette œuvre efficace.

Or, en admettant que tous les importateurs, et cela n'a *jamais été*, veuillent s'engager dans un compromis qui n'aura que la durée précaire d'une année, peut-on avoir la certitude qu'un fabricant ne surgira pas en dehors de l'entente et vendra des produits inférieurs qu'au besoin *il expédiera lui-même ou qu'il fera expédier au Sénégal?* Il y a dans cette éventualité un danger considérable, et une disposition légale peut seule le conjurer ; croit-on d'ailleurs que l'entente entre tous les négociants, qui est l'asservissement de cet esprit de concurrence raisonnable, qui est le ressort des affaires, puisse longtemps durer. Bien des compromis ont été tentés au Sénégal, et l'expérience démontre qu'ils n'ont jamais été de longue durée.

On a prétendu que l'abandon des guinées de l'Inde avait été la conséquence d'une spéculation faite en 1864, qui avait abusivement élevé les prix et encouragé la fabrication des imitations ; que la satisfaction de l'intérêt particulier ayant causé tout le mal, ce n'était pas au commerce sénégalais à le réparer.

Cette prétention est insoutenable, car sans le décret du 24 décembre 1864, la fabrication des guinées étrangères ne se serait pas développée.

La spéculation incriminée n'a pas pu produire les effets de l'admission en franchise des produits étrangers au Sénégal ; c'est plus qu'évident.

D'ailleurs, à un moment ou la guerre si terrible de la sécession faisait monter le coton de l'Inde de 50 fr. les 50 kil., à 280 fr. les 50 kil., pouvait-il être étonnant de voir la guinée s'élever de 11 fr. à 18 fr. la pièce, et cette hausse au lieu d'être abusive comme on se plaît de le dire, n'avait-elle rien que de très-naturel ?

Mais en ce moment l'industrie Rouennaise n'était pas paralysée, elle était en concurrence avec Pondichéry, la hausse de la guinée de l'Inde ne pouvait donc pas se faire sans limite et abusivement puisque la présence sur le marché d'une production similaire déjà connue et appréciée, la tenait en échec.

Tout le rôle de la spéculation qui n'a causé que des blessures d'amour-propre, consiste donc à avoir établi ses cours, en rapport avec le prix de revient, résultant de la cherté excessive de la matière] première, amenée par des événements de force majeure.

Bordeaux. — Imprimerie Bordelaise, 43, rue Porte-Dijeaux (J. Lamarque, directeur).